群星
GREAT TALENTS
罗澍伟 主编

阅读天津
HOW TO READ TIANJIN

严复

赵白生 著

天津出版传媒集团
天津教育出版社

图书在版编目（CIP）数据

严复：难为世界人 / 赵白生著 . -- 天津：天津教育出版社，2024.1

（阅读天津 . 群星）

ISBN 978-7-5309-9090-2

Ⅰ . ①严… Ⅱ . ①赵… Ⅲ . ①严复（1853-1921）- 传记 Ⅳ . ① K825.1

中国国家版本馆 CIP 数据核字 (2023) 第 233700 号

严复：难为世界人

YANFU: NANWEI SHIJIE REN

出　　版　天津教育出版社
出 版 人　黄　沛
地　　址　天津市和平区西康路 35 号
邮购电话　（022）23332417

策　　划　纪秀荣　王轶冰
责任编辑　田　昕
特约编辑　魏　劼
装帧设计　世纪坐标　明轩文化
美术编辑　丁莘苡　汤　磊

印　　刷　天津海顺印业包装有限公司
经　　销　新华书店
开　　本　787 毫米 ×1092 毫米　1/32
印　　张　5.25
字　　数　50 千字
版次印次　2024 年 1 月第 1 版　2024 年 1 月第 1 次印刷
定　　价　42.00 元

阅读天津·群星

HOW TO READ TIANJIN

GREAT TALENTS

主编的话

罗澍伟

天津，群星璀璨，人才辈出，他们用炽热的生命，书写了这座城市的骄傲与自豪。

天津是中国北方最早和最大的沿海开放城市，惟其“早”，在中西文明的碰撞中，引领了潮流和时尚；惟其“大”，海河五大支流在此汇聚入海，滋养了这片培育精英的沃土。百余年来，这里涌现了一批打破时空维度，精神属于中国、才华属于世界的大师级人物。

“阅读天津”系列口袋书第二辑“群星”，恰似一幅近代天津历史与文化的人物画卷，读者可以从哲学、译学、新闻、实业、科学、文学、艺术等不同视角，品读这

HOW TO READ TIANJIN
GREAT TALENTS

座城市，其中包括：

被赞为“中国西学第一者”的维新思想家严复，被誉为“世界第一之博学家”、著述等身的梁启超，“为酬素志育英才”的教育家张伯苓，“二十文章惊海内”的弘一法师李叔同，“化私为公”的实业家、藏书家周叔弢，“学识以强国、仁爱以育后”的化学家杨石先，一代话剧宗师、中国话剧奠基人曹禺，为数学研究鞠躬尽瘁的“整体微分几何之父”陈省身，“荷花淀派”创始人、“有风格的作家”孙犁，“江湖笑面写传奇”的相声表演艺术家马三立。

纵观他们的一生，有家国的高度，有民族的厚度，有地域的广度。他们把巅峰岁月中的生命磨砺之美，无保留地献给了天津。他们为实现中华民族伟大复兴做出奉献，用担当诠释大义。他们活出了自己的精彩，而且能够跨越时代，触动今人的心灵。他们的精神，穿透城市的晨雾与暮霭，有了他们，这座城市才有了完整的生命。

如今，时过境迁，斯人已去，但他们从未隐入历史的烟尘。他们在天津亲历了近现代中国的历史进程，奏响了人生的跌宕音符与精彩华章。他们的生命，早已融入天津的血脉，成为这座历史文化名城百年成长的标志与象征。

他们的人生，也留下了许多值得回味、令人深思的启迪：对一个人来说，重要的不是生命的长度，而是留在他人心目中的高度。

每个人都有灵性，每个人的生命之旅都是一个不断发现的过程，也是不断觉醒的过程。每个人的身上都蕴藏着改变的力量，才华只是激情与灵感的乍现。大凡找到人生意义的，都是英雄。最好的人生态度，就是发自心灵深处、对社会与生命的感悟；在追索人生深度的同时，找到属于自己的位置——既收获了奋斗的历程，又体验了人生的意义。

天津过往有无数“风流人物”，要使珍藏在时光里的历史切片一一再现，几乎是不可能的。“便将万管玲珑笔，难写瞿塘两岸山。”

在新的历史起点上，让我们奋力追赶历史上的“群星”吧！用海阔天空的想象力、迎难而上的践行力，拥抱更高更远的未来，为实现中华民族伟大复兴不懈奋斗！

（主编系著名历史文化学者、天津市社会科学院研究员、天津市文史研究馆馆员）

阅读天津 · 群星

序

交响传记，为何难写？

第一难关，写出身份之难。严复公认的三个身份——翻译家、教育家、思想家，写者甚众，但容易流于标签化而不能写得深透又全面。一谈到严复的翻译家身份，著者的火力常常集中于翻译家的三字经——信达雅。不可否认，谈得多的东西固然有其显而易见的重要性，可三字经的背后，更有严复的生存经。给严复作传，我们往往忘了，他不是一个不食人间烟火的人。翻译家严复，翻译前有其译家韬略，翻译中有其译家章法，翻译时看重译家素养，翻译后关心译家权益。有了这四个乐章，翻译家的身份才算基本完整。同样，要写好教育家严复和思想家严复，我们就不得不探究严复的复杂性。严复的三大身份之外，我们还试图发掘严复的两个新身份——自传家严复和老天津严复。这五种身份，犹如乐队里五组乐器的演奏家，如何同台共奏且和谐开新？这显然是一个难题。

另一难题，则是文类整合。日记、传记、书信、诗篇、寿序、挽联、遗嘱、译著案语，严复无不挥毫为之，无不斐然可观。我们不能说，严复有多么强的文类意识，因为他毕竟不是舞文弄墨的职业文人。然而，为严复作传，我们就得有文类意识，让这些文类充当乐队里的一件件乐器，器尽其色，音色饱满，方显传主“底韵”。做到这点，难度大矣。正因如此，我们尝试开门见山即祭出严复遗嘱，夫子自道，棺前敲定，由他本人给他自己定下一个人生基调。

最后难处，在于多模态化。图像资料、书法作品、版权印花、译著书影、读书眉批，等等等等，怎样融入交响传记的“乐池”而不违和，表面上看，似乎容易。实操起来，举步维艰。仅举一例，以窥其余。严复留学期间的课本与笔记，我们就难睹其全。

交响传记难写，所以，需要有人迎难而上，但开风气。

赵白生

2023年1月29日初稿，11月改定

赫胥黎天演論卷上

侯官嚴復學

卮言一

赫胥黎獨處一室之中，在英吉利之南，背山而面野，窗外諸境，歷歷如在机下。乃懸想二千年前，當羅馬大將愷徹未到時，此中有何景物。計惟有天造草昧，人功未施，其藉徵人境者，不過幾處荒墳，散見坡陀起伏間，而灌木叢林，蒙茸山麓，未經刪治如今日者，則無疑也。怒生之草，交加之藤，勢如爭長相雄，各據一抔壤土，夏與畏日爭，冬與嚴霜爭，四時之內，飄風

目录
CONTENTS

01 自传家道

严复1878年摄于法国巴黎，时年26岁

开门见山，严几道者，自传家也。他的这一身份，让人意外，但若熟读《严复全集》[1]，又在意料之中。严复作品，自我意识，特别突出，夫子自道，随处可见。他的日记，纤细无遗，自我毕现；他的传记，刻画他人，影射自己；他的书信，大我小我，周旋恒久；他的诗篇，自述沉郁，借古抒情；他的寿序，明写喜庆，隐见时忧；他的挽联，直叙白事，以明心曲；他的遗嘱，笔醒山河，墨含宿命；甚至他的译者案语，也未能忘我，常浇胸中之块垒。日记、传记、书信、诗篇、寿序、挽联、遗嘱、案语，全是铁证：

自传家严复，深入骨髓。

向死写生，先看他的遗嘱：

① 严复：《严复全集》，林平汉、罗耀九、叶文心主编，天津：天津教育出版社，2019年。本书所引《严复全集》均为此版本，后面不再一一注明。

民国十年，岁次辛酉，十月三日，瘉壄老人喻家人诸儿女知悉：吾自戊午年以来，肺疾日甚，虽复带病延年，而揆之人理，恐不能久，是以及今尚有精力，勉为身后传家遗嘱如左。非曰无此汝曹或至于争，但有此一纸亲笔书，他日有所率循而已。汝曹务知此意。吾毕生不贵苟得，故晚年积储，固亦无几，然亦可分。今为汝曹，分表。

嗟呼！吾受生严氏，天秉至高。徒以中年攸忽，一误再误，致所成就，不过如此，其负天地父母生成之德，至矣！耳顺以后，生老病死，倏然相随而来，故本吾自阅历，赠言汝等，其谛听之。

须知中国不灭，旧法可损益，必不可叛。

须知人要乐生，以身体健康为第一要义。

须勤于所业，知光阴时日机会之不复更来。

须勤思，而加条理。

须学问，增知能，知做人分量，不易圆满。

事遇群己对待之时，须念己轻群重，更切毋造孽。

审能如是，自能安平度世。即不富贵，亦当不贫贱。贫贱诚苦，吾亦不欲汝曹傲之也。余则前哲嘉言懿行，载在典策，可自择之，吾不能覼缕尔。

瘉壄老人力疾书[1]

---

① 《严复全集15：政论散文汇编（下）》，第382-383页。

这份遗嘱，不啻是严复人生的基调发言。他的人生变奏曲，或为北洋水师学堂总教习，或为北京大学校长，或为名词馆总纂，或为开平矿务总办，其主旋律，似乎离不开这六个基调：

一、受生严氏，天秉至高。

二、中年倏忽，一误再误。

三、身体健康，第一要义。

四、须勤学思，而加条理。

五、己轻群重，切毋造孽。

六、中国不灭，旧法不叛。

受生严氏，天禀至高

侯官严氏，可谓名门望族。这个家族，来自中原，迁徙至中国东南的福建省侯官县阳岐村，至严复一辈，已累至十八代。六朝十八代，严氏家族，人才济济。其中，秀拔之士，不乏其人。严复写《伯父恭诰诒公墓碣铭》时，对于家族历史颇为自豪，但也不失清醒：

福州市郎官巷严复故居

严氏自唐讫清仕宦，或至御史、巡抚，然无大贵仕。奕世耕读，饬家教子，代有善人，为乡里宗仰。[1]

严复所谓“天秉至高”，考之族谱，言不虚也。

严复早年，三件大事，左右其一生。其一，早年丧父。自古寒门多奇气，孤儿寡母成大器。这一铁律，适用于严复，也同样适用于后来受严复名言“适者生存”影响的胡适。另一个有力佐证则是，边吃辣椒边看严复所译《天演论》的鲁迅。严复 14 岁那年，其父病逝。殷实之家，一下子失去了顶梁柱。这对严复的打击，是毁灭性的。他的自述诗，长歌当哭，最为沉痛：

我生十四龄，阿父即见背。
家穷有质券，赙钱不充债。
陟冈则无兄，同谷歌有妹。
慈母于此时，十指作耕耒。
上掩先人骸，下养儿女大。
富贵生死间，饱阅亲知态。
门户支已难，往往遭无赖。
五更寡妇哭，闻者隳心肺。[2]

---

① 《严复全集 15：政论散文汇编（下）》，第 41 页。
② 《严复全集 16：诗词联语汇辑》，第 101 页。

“上掩先人骸”，少年失怙，严复四顾茫茫，只有横下一条心，为挑起家庭的重担去做一个顶天立地的人而刻苦自强。“五更寡妇哭”，男儿有心，严复两耳聪聪，唯独奉上半条命救母救妹。

天秉加上磨难，大器的两个必要条件，严复均已具备。充要条件，即考入学堂。考入福州船政学堂，是改变严复一生的第二件大事。家庭的突然变故，严复已无法走传统的科举成名的正途，天赐良机，福州船政学堂正好在福州招生。严复赴考，金榜题名，荣登榜首。所谓“天秉”，小荷露角。四年之后，他成绩第一，“天秉”尽显。他的入学考试题目为“大孝终身慕父母论”。严复新遭丧父之痛，写“孝”字作文，自然五内俱感，落墨沉郁。

严复就读船政学堂，所学科目有：英文、算术、几何、三角、代数、画图、机械图说、机械操作、地质学、天文学、航海学等。这是什么样的学问布局？比照中国，孔子、孟子、荀子、老子、庄子、韩非子、墨子、孙子、管子、鬼谷子，诸子百家实为一家——思想家。确切地说，中国的学问结构，偏于一隅，伦理哲学。而在西方，分子、原子、核子、中子、质子、量子、粒子、离子，广涉化学、物理、生物、医学，诸子成百科。中国道德哲学与西方自然科学的碰撞与纠缠，

福州船政学堂旧址全景

使船政学堂在严复身上埋下的种子，经由英国留学之培植，再由北洋历练而茁壮成长。道德的单维引领与科技的多轮驱动，传统文化与现代文明的全球博弈，构成了 20 世纪的风暴眼。

这也是严复一生的主旋律。

早婚多育，是严复一生的累，也是横亘于他一生的第三件大事。严复 14 岁结婚，14 岁丧父，红白两事，集于半载。喜无从体验，悲满腔填膺。此后，他纳妾江氏，后续弦朱氏。两妻一妾，共生子女九人，一大家子近二十口，几乎依靠严复一人的俸禄。

妾的问题，也让严复伤透了脑筋。他一封又一封信写给夫人朱明丽，大吐苦水：

江莺娘

> 姨太服伍连德药后，病体何若？在念，在念。

江姨近来病势何如？吃伍连德药可见瘥否？离乱之际，又遇如此疯病之人，可谓晦气极矣！[1]

自渠十五岁到我家，于今十又八年……在阳岐、在天津，那一天我不受他一二回冲撞。起先尚与他计较，至后知其性情如是，即亦不说罢了……此人真是无理可讲，不但向我漠然无情，饥寒痛痒不甚关怀……[2]

最后，严复得出结论："自家暗想，真天下第一可怜人也。"

严复纳妾的隐痛，不可与外人道也，所以，他只好在一封封家书里跟他的夫人朱明丽倾诉心曲，一浇胸中块垒。

维新巨子，骨子里面，守旧如仪。新民德者，道阻且长。难为世界人，难在革除神州陋习。严复深陷其中，深受其苦，但也深得其乐。

---

① 《严复全集18：信札汇编（下）》，第16-17页。
② 《严复全集17：信札汇编（上）》，第28页。

严复与夫人朱明丽

中年倏忽，一误再误

人之一生，难免有误，以严复之兼美，亦不能免！入矿务局、贬低学潮、反白话文、进筹安会、抽鸦片烟，等等等等，不一而足。但严复并未因此而弄得身败名裂，遗臭万年。相反，每次遇到大的危机，他几乎都能全身而退，此后往往东山再起。戊戌变法时，他如此；袁氏复辟时，他亦如此。他的生存智慧在于，他真正做到了“吾道一以贯之”。

几道之道，是什么呢？

受人之托，严复曾任开平矿务局总办，后卷入一场旷日持久的国际官司。对于这件事，严复反思颇多，也相当沉痛：

> 复在此间，名为总办，其实一无所办，一切理财用人之权都在洋人手里，且有合同所明约者，押墨未干，而所为尽反。经此一番阅历以后，与洋人做事，知所留心矣。

> 言论思理，仆之所长，奔走会计，仆之所短。

> 复此行毫无所得，惟浪费三千余金而已。自与通州分手以后，乃决知此身乃天生贫骨，万分不能事人。[1]

---

① 《严复全集17：信札汇编（上）》，第86、80、165页。

严复的失误，还有苦衷，只能在一封封书信里跟老友张元济倾吐。但这一失误，让他"浪费三千余金"，交了学费，上了一课，他做到了"认识你自己"——他的特长与短板。

清末民初为乱世，学潮一波接着一波，大江南北，此起彼伏。对于学生运动，严复态度截然，不但不为之摇旗呐喊，而且还大泼其冷水，因为他深知其害：

> 各埠市景经此番风潮后，损失必多，福州尤不堪问，破家荡产，比户可封，而与胶济问题，诚否有补，真不可知之事……从古学生干预国政，自东汉大学，南宋陈东，皆无良好效果，况今日耶？①

严复致函弟子，直言不讳，袒露心声。实际上，对于学生运动，革命史学与执事当局，所见迥异。严复所想，有其深厚的哲学基础。胡适告诫青年所用最多的警句，乃易卜生的名言：贡献于社会的最好办法，莫过于把自己锻造成器。其实，严复所想也正是如此：中国所缺乏的，是学有专长的栋梁之才，而非不学无术的跳梁之辈。看似落后的史观背后，

① 《严复全集18：信札汇编（下）》，第208-209页。

有其深谋，但乏远虑。

反白话文，是严复的又一大误。文言白话之争，究其实质，乃中国文化的生死之战。千年不变，沿袭文言，还是开辟新路，文化救国，当时中国的知识精英楚河汉界，分成两派。文言护卫阵营，主将林立，有严复、林纾，个个声名，如雷贯耳，守古有道；白话突破队伍，帅才卓著，有胡适、鲁迅，人人当先，摧枯拉朽，势如破竹。

严复信守祖业，捍卫文言，看重的是文言的长处：

> 北京大学陈、胡诸教员主张文白合一，在京久已闻之，彼之为此，意谓西国然也。不知西国为此，乃以语言合之文字，而彼则反是，以文字合之语言。今夫文字语言之所以为优美者，以其名词富有，著之手口，有以导达要妙精深之理想，状写奇异美丽之物态耳。如刘勰云："情在词外曰隐，状溢目前曰秀"；梅圣俞云："含不尽之意，见于言外，状难写之景，如在目前"；又沈隐侯云："相如工为形似之言，二班长于情理之说"。今试问欲为此者，将于文言求之乎？抑于白话求之乎？诗之善述情者，无若杜子美之《北征》；能状物者，无若韩吏部之《南山》。设用白话，则高者不过《水浒》《红楼》，下者将同戏曲中簧皮之脚本。就令以此教育，易于普及，而斡弃周鼎，宝此康匏，正无如退化何耳。须知此事，全属天演，革命时代，学说万千，然后施之人间，

优者自存，劣者自败，虽千陈独秀，万胡适、钱玄同，岂能劫持其柄，则亦如春鸟秋虫，听其自鸣自止可耳。林琴南辈与之较论，亦可笑也。[①]

在此，严复犯下了三个致命错误：其一，文言、白话、语言、文字四个概念一锅煮，逻辑混乱，思维不清，更不用说陈、胡并没有提出严复假想的所谓“文白合一”。其二，论证落入了“引经据典”、有据无证的俗套。刘勰、梅圣俞、沈隐侯个个名头不小，但引经据典再多，也不能证明文言比白话高明。其三，先存偏见，推论荒谬。严复首先假定“《水浒》《红楼》”“戏曲中簧皮之脚本”乃下里巴人的东西，属于“康匏”，而真正的“周鼎”，则有“杜子美之《北征》”“韩吏部之《南山》”。这种预设偏见，首先把白话文学一棍子打死，根本就瞧不上“戏曲中簧皮之脚本”。这种以语言形式定高下的判断标准，说到底，就是中国的复古原教旨主义在作祟。其实，无论文言，还是白话，这两种语言形式，都有不朽之名著。之所以弃文言而取白话，简言之，就是中国文化的发展方向问题：用文言，倾向复古，文化发展基本是向后看；而取白话，立场趋新，文明路向大致是朝前看。因为前者更多地从故纸堆里寻旧说，而后者在现实世界中觅新知。语言问题，乃文化

① 王栻主编：《严复集》第三册，北京：中华书局，1986年，第699页。

之基建，而在这方面，严复显然没有悟透真理。

进筹安会，表面上看，乃严复人生的一大污点。甚至他的老友郑孝胥也避之唯恐不及，晾了他六年。严复心里的滋味，日记里的记载，最为直接。

为此，严复也有辩白：

> 当筹安会发起之时，杨、孙二子，实操动机。其列用贱名，原不待鄙人之诺，夕来相商，晨已发布。我公试思，当此之时，岂复有鄙人反抗之址耶？近者国会要求惩办祸首，尚幸芝老（段祺瑞字）知其真实，得及宽政，不然，复纵百口，岂能自辩？[①]

实事求是讲，严复加入筹安会，有被逼上梁山之意，前有杨度的利诱，后有袁世凯的势压。但严复不像梁启超那样揭竿而起，檄文相加，而是首鼠两端，三缄其口，最后导致名节受污，其本人难辞其咎。他对袁世凯幻想有之，利用也有之：

> 近代求才杰，如公亦大难。
> 六州悲铸错，末路困筹安。

---

① 王栻主编：《严复集》第三册，北京：中华书局，1986年，第724-725页。

四海犹群盗，弥天戢一棺。

人间存信史，好为辨贤奸。

但归根结底，严复是有其思想底线的：几道之道一以贯之，他是君主制的拥趸：

总之，共和国体即在欧美诸邦，亦成于不得已……至于中国，地大民众，尤所不宜，现在一线生机，存于复辟，然其事又极危险，使此而败，后来只有内讧瓜分，为必至之结果，大抵历史极重大之事，其为此为彼，皆有天意存焉，诚非吾辈所能预论者耳。[①]

严复的烟霞瘾，为人诟病最多。严复一生之不得志，追根溯源，其烟霞瘾，当为主因之一。严复乃国家栋梁之才，但不幸染上此瘾。李鸿章知之，惋惜不已，面见之时，曾委婉劝说，让他痛下决心，革除恶习。但严复吞云吐雾，依然故我。执掌北大期间，身为一校之长，他甚至闹出丑闻。传说，严复因其烟霞瘾难理校政而受到好事者抨击，最后就职不到一年，他就仓促离任。

客观地讲，严复之鸦片瘾有其冠冕堂皇的理由。他身

---

① 王栻主编：《严复集》第三册，北京：中华书局，1986年，第660-662页。

体有恙，特别是晚年折腾得他夜不能寐、死去活来的哮喘病。查看日记，严复的身体受难记，历历在目。但是，考虑到严复一生所倡导者，乃“新民德”也。而一新民德，其中最关键者，就是戒烟。鸦片，乃中华民族之最大毒瘤。这个现象，严复目击之；这个道理，严复深知之。他在文章中，曾登高一呼，抨击鸦片，以期醒世。可是，现实之中，他一边喊着新“民德、民力、民智”的高调，本人却深陷鸦片毒沼而不能自拔。严复的悖论，不能仅仅外化为过渡时代的悲剧。深而究之，他的两面性，是其根源。人性使然，而严复独特的个性，才是关键。严复一误再误，是人性使然，正如亚历山大·波普所言：“To err is human.”（失误者，人性也。）但严复的个性，奠定了他的人格底色。入矿务局、贬低学潮、反白话文、进筹安会、抽鸦片烟，严复“一误再误”，背后有一个一以贯之的道：墨守旧法。实际上，严复的时代，新潮汹涌，而他本人，退步趋旧。一个开新时代的老旧之人。

这是严复悖论的实质，也是他难为世界人的宿命。

身体健康，第一要义

严复遗嘱，三处提及身体，可谓浓墨重彩："肺疾日甚……带病延年""耳顺以后，生老病死，倏然相随而来""须知人要乐生，以身体健康为第一要义"。无独有偶，严复日记的一大主题，也是"身体健康"。确切地说，是"身体之不健康"，即疾病。他的日记，严格意义上讲，是"疾病叙事"，属于"医学叙事"的范畴。简而言之，跟叙事医学不同，医学叙事是由患者记录的疾病档案。越是系统，越是深入，其患者研究的价值越大。从这个角度看，严复日记，别有洞天，价值颇高。

先看三天 1916 年的严复日记：

2 月 29 日（正月二十七日丙申星期二）晴美

One syrup in bed.

11:30 1/8 gr. M.S. on right thigh.

1 cacodylate sonde on left thigh.

Temperature 98.2.

4:00 pm 1/8 M.S. on right thigh.

12:15 am 1/8 M.S. on left thigh.

Gambling lose $49.

本日代行立法院闭会。

3月3日（正月三十日乙亥星期五）风黄

Coughed badly at about dawn then one dose of syrup at 5:30.

10:30 am 13/72 M.S.+ 1/540 atro.on right thigh.That B.W's syringe was broken by servant, rendered it useless.

5:00 pm 1/8 gr. M.S. left thigh.

12:30 am 1/8 gr. M.S. right th.

赴郭家博。

3月7日（二月初四日癸卯星期二）晴美

The 1st day that used no syrup in the morning.

10:30 am 1/8 gr. M.S. left thigh.

3:30 pm 1/8 gr. M.S. right thigh.

9:55 1/8 gr. M.S. left thigh.

12:45 am (1/16 + 1/24) = 5/48 gr. M.S.+ 1/400 Hys. 1/720 atro. on right thigh.

Slept not well. Cough dry.

在家博。[1]

三个特点，贯穿着严复日记。时间的精准性：几点几

---

① 《严复全集23：日记》，第96-99页。

分，什么部位，用什么药，一目了然。症状的持续性：温度、咳嗽、睡眠等，点到为止，但一应俱全。生活的日常性：国家大事，不忘记载，但疾病生活里的新鲜刺激——赌博，却是重中之重。严复日记里的医学叙事，择其两年，放在一起细而究之，基本上大同小异，非专业读者，不堪卒读。但这并不降低其医学叙事的文献价值。它的价值在于，从康复医学上讲，严复犯了一个致命的错误：他重视防守性治疗，而不践行进攻性康复。更有甚者，他还在挖进攻性康复的墙角——赌博。赌博的两大特点，高度的兴奋性刺激和久坐，均是进攻性康复的大敌。

严复几乎从不锻炼。他不但不锻炼，而且还拆进攻性康复的柱石——吸毒。他的日记，记之甚详：

（1916）1月22日（十二月十八日戊午星期六）大风，寒，晴朗

One dose of syrup in bed at about 9:00 am.

Noon 1/4 gr. M. Sulp. on the calf of left leg.

Four pipes of opium.

6:00 pm 1/4 gr. M.S. + 1/180 gr. atropine on right thigh.

11:30 pm 1/4 gr. M.S. on left thigh.

（1917）2月11日（正月二十日甲申星期日）

11:00 am One Pill.

2:00 pm Five Pipes.

3:36 pm One Pill.

5:45 pm Five Pipes.

7:00 pm One Pill.

12:00 am One Pill.

Four pipes.

（1920）FRI.,FEB.6 O.C. 12:17 甲午 五九

Left the bed at 8:00，still with cough & asthma.

10:00 3 pipes.

Went to bed at 11:15 woke up at 4:00 – no cough!

Then woke again at 6:30 & coughed fiercely.

（1920）THURS., FEB.12 O.C. 12:23 庚子

Irritable. Can it be the effect of opium which is not more than 4 pipes?

Had a bath last night. To bed at 11, but coughed frequently till dawn.

Took a native Dr. Fa & use his prescription.

（1920）TUES., JULY 20 O.C. 6:5 己卯

2:30-5:20-9:20 XXX

I went to bed late, and my jumpy legs gave me the trouble. Two pipes of opium which the matter worse and I have no sleep till dawn.

（1920）MON., OCT.4 O.C. 8:23 乙未

Slept badly. Heroin did not help me much.

Rec. 100 cigars from 湘官。

杂录

Gave up opium altogether on 13/12 or O.C. 22/10.①

严复十一年的日记，始于1908年，终于1920年，中间缺少关键的两年，吸食鸦片和海洛因等的记录，只有四年（1916年、1917年、1919年、1920年）共有约37日。记录的特点，是集中描述，即连续几天，跟踪记录，而其他时段则毫无记录，如1918年，就是零记录。在1920年年底的杂录中，严复说明，他已完全戒毒。实际上，戒毒之心，严复早已有之。1909年10月17日的日记，这样记的："郭海容请。遇许锺岳（世方），刘资颖，以为戒烟圣手。聆其言，颇有致。"严复直到1921年临死之前，才彻底不当瘾君

① 《严复全集23：日记》，第84、218、387、389、426、442、461页。

子，说明其意志力，问题颇大。事实上，从日记的记录里，他清楚地知道，对于他身体的主要问题，咳嗽、气喘、失眠，鸦片收效甚微，甚至会起到副作用，即导致易怒症状。毒品的依赖性，对严复的健康可谓釜底抽薪。严复也深知其染毒之害。撰文时，他把毒品看作中国文化的两大公害之一，可作为启蒙思想家的他，为什么明知故犯呢？一言以蔽之，知行难合一，践行殊不易。严复是知者，但并非行者。他知道，健康教育，无比重要。他的“三民主义”，其核心之一，就是“民力”教育。这一点，不但体现在他的众多文章里，而且也直接写入他筹划的大学教育中。最好的例证，就是他给安庆、复旦、北大三所学校所撰写的大学章程。

郭嵩焘

追根溯源，他的英式教育，早已埋下了种子。《郭嵩焘日记》曾有转述：

> 严又陵又言："西洋筋骨皆强，华人不能。一日，其教习令在学数十人同习筑垒，皆短衣以从。至则锄锹数十具并列，人执一锄，排列以进，掘土尺许，堆积土面又尺许。先为之程，限一点钟筑成一堞，约通下坎凡三尺，可以屏身自蔽。至一点钟而教师之垒先成，余皆及半，惟中国学生工程最少，而精力已衰竭极矣。此由西洋操练筋骨，自少已习成故也。"其言多可听者。[①]

英国之强的根源，严复一语中的："此由西洋操练筋骨，自少已习成故也。"体育教育的两大特点，严复已经抓住：一，从娃娃抓起；二，习惯之养成。可是，我们细细研读严复的日记、书信、挽联、自述诗等，真正涉及体育活动者，极为罕见。十一年的日记，只有一处谈及其锻炼：

> （1920）FRI., MAY.7 O.C. 乙丑
>
> 11:15—11:35—1:30—1:45 coughed. 2:00 with 18 drops—3:30 coughed to 4:20—6:30. Then coughed to 7:30 and up at 8:45.
>
> Inhaler apparently effective.
>
> Had a walk around the house.[②]

---

① 郭嵩焘著：《郭嵩焘日记》第三卷，长沙：湖南人民出版社，1982年，第406-407页。

② 《严复全集23：日记》，第410页。

严复咳嗽如此严重，治疗方法，纯粹靠药物维持，属于防御性治疗。严复虽然大力提倡“民力”，但他自己却懒于锻炼，根据日记，十一年似乎只有1920年5月7日的一次锻炼记录。病魔缠身，哀哉呜呼，不亦宜乎？事实上，严复的两大顽疾——咳嗽和气喘，如果采取积极的进攻性治疗，或许可以减缓。用中国传统的养生方法，或者季节性地易地疗养，效果或许更大，但严复依然知之而不行之。所以，他的“以身体健康为第一要义”，言中真谛，行不落地。严复用自己半生的疾病“里程悲”，为后世点亮了身体健康的未来之路。

难为世界人，难在知行不能合一。

须勤学思，而加条理

严复遗嘱的核心部分，共有三句，值得温故：

> 须勤于所业，知光阴时日机会之不复更来。
>
> 须勤思，而加条理。
>
> 须学问，增知能，知做人分量，不易圆满。

“勤于所业”，究其实质，就一个字，勤。所以，这三句合在一起，就是勤于所业、勤于所思、勤于学问，即勤业、勤思、勤学。也就是说，严复遗嘱的内核，我们不妨把它们分解成三个问题：如何“勤于所业”？如何“勤思，而加条理”？如何做“学问，增知能”？

这三个问题，让严复成为严复。

> 复近者以译自课，岂不欲旦暮奏功，而无如步步如上水船，用尽气力，不离旧处，遇理解奥衍之处，非三易稿，殆不可读。而书出以示同輩，尚以艰深为言，设其轻心掉之，真无一字懂得矣。呜呼！此真可与知者道，难与不知者言也。复今者勤苦译书，羌无所为，不过闵同国之人，于新理过于蒙昧，发愿立誓，勉而为之。[1]

勤于所业，苦不堪言。然而，严复之所以“勤苦译书”，“不过闵同国之人，于新理过于蒙昧”，才“发愿立誓，勉而为之”。严译世界名著，就数量质量而言，时人无出其右。数其荦荦大者，罗列如下：

《天演论》（赫胥黎）

《群学肄言》（斯宾塞）

《群己权界论》（穆勒）

《社会通诠》（甄克思）

① 《严复全集17：信札汇编（上）》，第41页。

《法意》（孟德斯鸠）

《穆勒名学（上）》（穆勒）

《名学浅说》（耶方斯）

《原富》（亚当·斯密）

严复译书，主要集中在19世纪90年代和20世纪初十年，二十年间，译书八部之多，其勤于所业，不折不扣。其如何“勤苦”，也有目共睹：“复近者以译自课，岂不欲旦暮奏功，而无如步步如上水船，用尽气力，不离旧处，遇理解奥衍之处，非三易稿，殆不可读。”

严复的“勤思，而加条理”，在其一篇又一篇的政论文之中，表现得淋漓尽致。

如何做“学问，增知能”，严复在致四子严璿的信中娓娓道来：

前得儿书，知在唐校用功，勤而有恒，大慰大慰！学问之道，水到渠成，但不间断，时至自见，虽英文未精，不必着急也……大抵少年能以旅行观览山水名胜为乐，乃极佳事，因此中不但怡神遣日，且能增进许多阅历学问，激发多少志气，更无论太史公文得江山之助者矣。然欲兴趣浓至，须预备多种学识才好：一是历史学识，如古人生长经由，用兵形势得失，以及土地、产物、人情、风俗之类，有此，

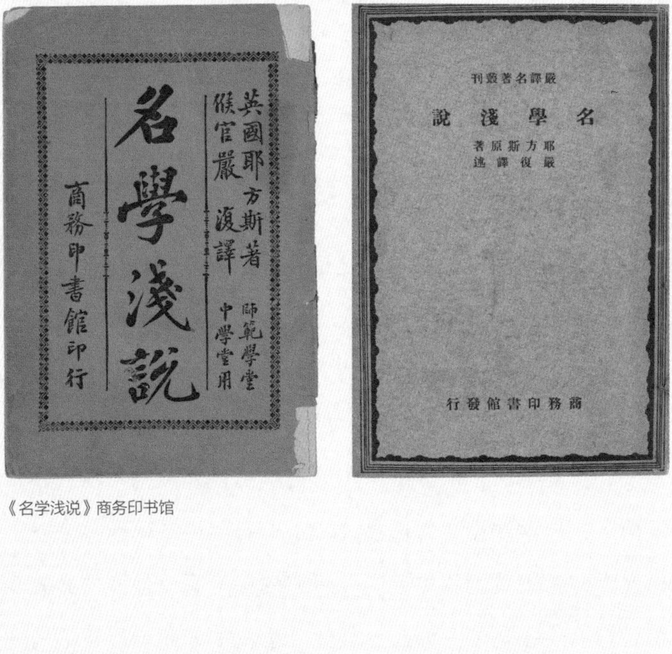
英國耶方斯著
候官嚴復譯
師範學堂
中學堂用
名學淺說
商務印書館印行
嚴譯名著叢刊
名學淺說
耶方斯原著
嚴復譯述
商務印書館發行

《名学浅说》商务印书馆

则身游其地，有慨想凭吊之思，亦有经略济时之意与之俱起，此游之所以有益也。其次则地学知识，此学则西人所谓Geology。玩览山川之人，苟通此学，则一水一石，遇之皆能彰往察来，并知地下所藏，当为何物。此正佛家所云："大道通时，虽墙壁瓦砾，皆无上胜法。"真是妙不可言如此。再益以摄影记载，则旅行雅游，成一绝大事业，多所发明，此在少年人有志否耳。[1]

严复的条理性，通过"一是""其次""再益以"，展露无遗。就思路而言，条理清晰，是做学问的先决条件。信中，严复揭示了他眼中的"学问之道"——"勤而有恒"。有了这个必要条件，严复重点论述了做学问的充要条件："须预备多种学识才好。""历史学识""地学知识""摄影"技术，是严复观览山水的三驾马车。严复所倡导的知识结构，深究一下，历史色彩，依然浓厚。历史学识让人洞悉"古人生长经由"，地学知识令人透过"一水一石"而"彰往察来"。事实上，考察英国历史上同一时期的探险家，他们的必修知识是博物学：达尔文如此，其他人也莫不如此。严复不提博物学，这说明，骨子里他是人文学者。

① 《严复全集18：信札汇编（下）》，第266-267页。

己轻群重，切毋造孽

勤，勤业、勤学、勤思，乃一己之修为，可在严复心里，一己固然重要，但族群更为关键。“己轻群重”，是严复人生观的核心。

这种人生观的最佳体现，莫过于他对斯宾塞和穆勒名著的翻译上。斯宾塞的 *The Study of Sociology*, 到严复笔下，摇身一变，却成了《群学肄言》；而穆勒的 *On Liberty*, 经过严复的苦心经营，脱胎换骨，变为《群己权界论》。可见，无论 Sociology，还是 Liberty，严复均以“群”字出之。对“群”一字，严复情有独钟。

为什么？

严复在致李一山的信中一吐衷肠：

> 十年以往颇多译录，虽曰输灌西学，微意亦存救时。顾他书尚有欢迎，至于《群学肄言》，则读者思卧。何则？籀事变之禁颐，试识照之难周，蜂锐之谈，斯言所极不喜故也。然而今何如乎？乃不图执事独于此书反复数十过。子云《太玄》，期诸千载后子云；仲翔说《易》，谓得一知己，死可不恨。然则谓严复此书专为李一山撰著可耳，幸何如耶！[1]

---

① 《严复全集 18：信札汇编（下）》，第 157 页。

信中，严复久逢知己的狂喜之情，喷然而出。究其原因，他之看重《群学肄言》，似乎远胜“十年以往颇多译录”。更重要者，“救时”学问，严复特别青睐群学。通过这门学问，他好像找到了“爱国保种”之真理。严复在《群学肄言》的译后感里对此书的评价无不用其极，“吾译此书真前无古人，后绝来者，不以译故损价值也，惜乎中国无一赏音。扬子云：‘期知者于千载。’吾则望百年后之严幼（又）陵耳！”

对于群己关系，严复的译著论述颇多。《群己权界论》的章节目录，赫然突出：

> 篇四　论国群小己权限之分界
>
> 社会虽不可干涉小己之私者尚有他故
>
> 社会干涉小己其流弊之事证
>
> 虽有民主不得夺小己之自由
>
> 不得借口社会权利之说而侵人自由
>
> 来复日禁人工作亦侵小己自由之事

不难看出，群己关系之中，“小己”往往属于弱势一方。为了自由，穆勒对“小己”虽无偏袒之心，但对群己关系之中如何限制群之权限，可谓不遗余力。他甚至说“以国群而侵小己之自由则于非常之人大不利”。如此明确的原则，严复自然明了于心，可他为什么在遗嘱里发出了如此的强音——“己轻群重，切毋造孽”？

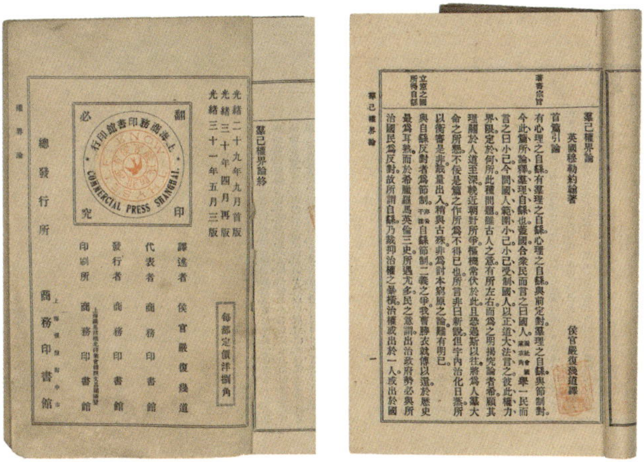

《群己权界论》商务印书馆

事实上，群己并重，良性互动，才是立国之本。可严复的“轻重篇”为何轻小己而重国群？偏袒一方，打压一方，显而易见。答案就埋在他的政论“论中国之阻力与离心力”里：

> 因物遇阻力时，若无离心力，则物不过失其本形，而别成新形；设再加之以离心力，则此物遂灭而别为他物矣。尝持此说以论群学，则其验尤不爽。
>
> …………
>
> 今者中国幅员万里，人民数兆，天下之人，举皇皇然若有不终日之势。问其何故，则必以为欧洲各强国之阻力也。从大至小，无论何事，考其情状，无不见屈于西人。谓为阻力，诚阻力也。然试思此阻力之何以行于吾土，而吾竟无拒力哉？则知吾中国有离心力之故也。①

终其一生，救国保种，是严复所要解决的燃眉之急。国群外有阻力，内生离心力，双力重压之下，分崩离析，国将不国，种将不种。所以，严复找出了中国的病根所在，发出沉痛之声：“己轻群重，切毋造孽。”

① 《严复全集14：政论散文汇编（上）》，第113-114页。

中国不灭，旧法不叛

中国不灭，旧法不叛，何以可能？

严复在致熊纯如的信里讲了一则轶事：

> 此番英使朱尔典返国，仆往送之，与为半日晤谈，抚今感昔，不觉老泪如绠。朱见慰曰："严君，中国四千余年蒂固根深之教化，不至归于无效，天之待国犹人，眼前颠沛流离，即复甚苦，然放开眼孔看去，未必非所以玉成之也，君其勿悲。"复闻其言，稍为破涕也。[①]

外人的眼光，让严复茅塞顿开，与其说是英使朱尔典高瞻远瞩，还不如说他深通中国士大夫的心理状态，触动了严复内心深处的那根琴弦——"中国四千余年蒂固根深之教化，不至归于无

---

① 《严复全集18：信札汇编（下）》，第119页。

效”。历史悠久的自豪感和直面苦难的大任之心，让严复坚信“中国不灭”。

一年之后，严复给熊纯如写信，信念依旧：

> 吾辈观之，则知救国根本，当在何处着手矣。中国目前危难，全由人心之非，而异日一线命根，仍是数千年来先王教化之泽，足下记吾此言，可待验也。[①]

深信“中国不灭”，深信“数千年来先王教化之泽”，旧法不叛，自然顺理成章。“鄙人年将七十，暮年观道，十八九殆与南海相同，以为吾国旧法断断不可厚非……总之，共和国体即在欧美诸邦，亦成于不得已……至于中国，地大民众，尤所不宜……”国体问题，因袭旧法；婚姻方面，亦照旧法。为女择偶时，严复亲自斡旋，

---

① 《严复全集18：信札汇编（下）》，第150页。

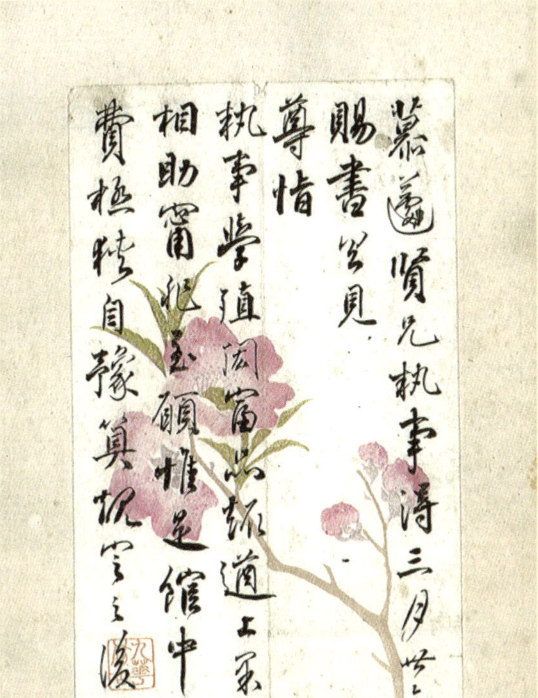

严复书信原稿

发现相亲对象问题后，相当认同亲属的判断：那人“不知旧法为何物”。

旧法之神圣不可侵犯，可见一斑。

然而，严复遇到了两大难题：既有“数千年来先王教化之泽”，为何当时中国凡遇列强，一败涂地，甚至到了需要三保——保种、保国、保教——的地步？既然“吾国旧法断断不可厚非”，为何还说“天下理之最明而势所必至者，如今日中国不变法则必亡是已”？

事实上，救国的根本出路在法家。这一点，严复论之颇详：

> 中国前途，诚未可知，顾其大患在士习凡猥，而上无循名责实之政。齐之强以管仲，秦之起以商公，其他若申不害、赵奢、李悝、吴起，降而诸葛武侯、王景略，唐之姚崇，明之张太岳，凡为强效，大抵皆任法者也。[1]

---

① 《严复全集18：信札汇编（下）》，第62页。

严复世界观的矛盾性，在他的《题黄石斋先生临难自书诗卷》里也见端倪：

读史数行泪，看天万古心。
从来殉国者，不必受恩深。
为有君臣义，人间无所逃。
婺源一蹶后，含笑看欧刀。[①]

这首绝命诗，压缩一半，似更具悲情，矛盾性也更显豁：

从来殉国者，人间无所逃。
为有君臣义，含笑看欧刀。

君臣义，乃旧法也。欧刀者，新器也。封建脑袋，遇上现代兵器，这个矛盾如何解决？

难为世界人，难在世界观之新。

---

① 《严复全集16：诗词联语汇辑》，第133页。

02

老天津言

严复任京师大学堂总监督

天津的存在感，几乎被严复“刷爆”。他的一封又一封家书，“津门”二字处处可见。他的信函，不断提醒着收信者，他的天津住地。他的诗歌，更是用蘸满浓情的墨，刻画天津。

1880年，严复刚到天津不久，即致函伯兄严观涛：

月之七日抵津，一路安恬，足宽友廑……到津后，已将此节情形禀之相国，请其给发各生由闽到津盘费，委兄护送来堂，谅可邀准……如有所图，不妨到津后与弟徐商，不然，两有所损……

弟自笑到家时忽忽过日，足履津地，便思乡不置。天下茫茫，到处皆是无形之乱，饥驱贫役，何时休息，兴言至此，黯然神伤。[1]

一到天津，严复便“思乡不置”，联想到身处乱世，不免“黯然神伤”，可是，61 岁生日时，他却赋诗寄情：

鰋饮津沽水，燕居二十春。[2]

严复在与妻书中甚至夸口“吾系卅年老天津”。从“思乡不置”的愣头青，到“卅年老天津”，是什么让严复客居天津如此之久？又是什么令他对津门有一种执念？

看天万古心[3]，闻津无限新。

“万古心”与“无限新”，集于天津一身，成就了这座海滨城市的文化身份。“天不变，道亦不变”，这个古老民族的根性在这座城市里同样“入骨三分”。天津得东西洋风气之先，成了古老帝国变革的桥头堡。近代史上，九十九个“第一”，在天津开花，绝非偶然。这样的天津，不但让严复长期滞留“二十

① 《严复全集 17：信札汇编（上）》，第 4-5 页。
② 《严复全集 16：诗词联语汇辑》，第 86 页。
③ 《严复全集 16：诗词联语汇辑》，第 133 页。

春”，而且使他“流连忘返”三十载。具体地说，天津是严复“味同嚼蜡”的当差地，舍家保命的逃难所，国破人亡的伤心处，名垂青史的不朽点。

北洋当差　味同嚼蜡

1880年严复抵达津门，入职北洋水师学堂，十二年后，向其四弟严观澜直抒胸臆：

> 兄北洋当差，味同嚼蜡。张香帅于兄颇有知己之言，近想舍北就南，冀或乘时建树耳。然须明年方可举动也，此语吾弟心中藏之，不必告人，或致招摇之谤也。[1]

他的南归之意，并非一时心血来潮。三个原因，显而易见：北洋差事，无聊透顶；张之洞处，抛橄榄枝；舍北就南，以图展翅。

又八年后，即1899年，严复的目标更为明确，南下之意更为决断。他致函知己张元济：

> 弟有所密商者，则弟近灰心仕进，颇有南飞之思；欲

① 《严复全集17：信札汇编（上）》，第11页。

一志译书，又以听鼓应官期会薄书累我。是以居平自忖，谓南中倘得知我之人月以一洋人之薪待我，则此后正可不问他事，专心译书以饷一世人。弟于此事，实有可以自信之处。[1]

“北洋当差，味同嚼蜡”也好，“灰心仕进”“一志译书”也罢，严复是否真正如其所说，他在天津北洋水师学堂的表现乏善可陈、一无是处？历史事实，跟严复所言，吻合度相当低。《清代官员履历档案全编》内有一份严复履历，供皇帝御览，其词摘要如下：

严复现年四十六岁，系福建侯官县人……六年十月调派天津水师学堂洋文总教习，前后课导学生五百余人，派充海军将弁……十五年二月，奉委会办天津水师学堂事宜。十七年九月，因办理海军出力，经前北洋大臣李鸿章保奏，请以道员遇缺前先选用，奉旨允准。十九年十一月，委办天津水师学堂。二十二年七月，委办俄文馆事务。二十四年六月，委办洋务总局，并会办水师营务处事宜。[2]

不难看出，严复虽然官职升迁并不耀眼，却每每被委以

① 《严复全集 17：信札汇编（上）》，第 39 页。
② 秦国经主编：《清代官员履历档案全编》第 6 册，上海：华东师范大学出版社，1997 年，第 486 页。

重任，其肩负的责任丝毫不轻。事实上，他在水师学堂的升迁，也并非止步不前，而是稳步高升：从洋文总教习升任会办，最后封顶总办——坐上北洋水师学堂的第一把交椅。光绪十年，李鸿章奏请皇帝，嘉奖水师学堂一众师生。严复不但名列其中，而且位列群龙之首：

> 参将衔留闽尽先补用都司严宗光（严复本名），由闽厂出洋肄业，学成回华，派充该堂洋文正教习，参酌闽厂及英国格林书院课程，教导诸生，造诣精进，洵属异常出力，拟请以游击补用，并赏加副将衔。①

光绪皇帝

一方面，官家对严复的鉴

① 李鸿章：《水师学堂著有成效请援案奖励折》，光绪十年十一月初五日。

定是：“教导诸生，造诣精进”“异常出力”；另一方面，严复对自己的私下判断：“北洋当差，味同嚼蜡”“灰心仕进”。官方鉴定与私人判断反差为何如此之大？

系铃解铃，全在又陵。严复在《群学肄言》的序言里，曾对自己的言论有过反思，相当到位。他说，读斯宾塞之书，看其评理若衡，反观自己的出格之言，顿觉一己陋习在于“好为独往偏至之论”。

还有一例，颇见严复言论之风格。

北洋水师学堂，经过二十年苦心经营，培养了六届学生，共计 210 人。虽然算不上人才济济，但也不乏栋梁之才。数其翘楚，断非屈指可数。

黎元洪：曾任湖北新军统领，后任中华民国大总统；

谢葆璋：曾任海军次长，作家谢冰心之父；

郑汝成：历任烟台海军学校校

长、海军执法官、上海护军使；

王劭廉：曾任北洋大学提调、直隶咨议局局长；

张伯苓：创办南开中学、南开女中、南开大学，曾任国民政府考试院院长；

温世霖：主持《醒俗报》，曾任国会议员；

伍光建：历任海军处顾问、军枢司司长、复旦大学教授，译著七十余种；

王开治：投身海军船舰制造业，中国造船业的先驱；

吴毓麟：曾任交通总长。

实事求是地讲，一所学校，办学廿载，短命如斯，却培养出诸多英才，考之世界教育史，也属罕见。可是，严复的自我评价却是如此：

> 复管理十余年北洋学堂，质实言之，其中弟子无得意者。伍昭扆（光建）有学识，而性情乖张，王少泉（劭廉）笃实，而过于拘谨。二者之外，余虽名位煊赫；皆庸才也。[1]

严复之言，自我矮化，偏于一端，令人眼镜大跌。尽管他的措辞颇得一分为二之妙，但其一棍子打死的风格，让他难免落落寡合，很难乐群。所谓“质实言之……弟子无得意

① 贾长华主编：《严复与天津》，天津：百花文艺出版社，2008年，第47页。

者……皆庸才也”，说到底，作为水师总办，严复岂能海军兴亡而教头无责？

北洋水师全军覆没，水师学堂一校尽毁，也就意料之外，情理之中了。

仓猝出津　尤足痛惜

生逢乱世，逃难难免。天津，既是严复的逃难所，也是严复的避难所。严复的逃难故事，他的书信有所叙述，颇为详尽：

> 六月间，仓猝出津，衣裳书籍，至一切生事所需，不过十一挟者，濒行，法领事许为保护加封。今乃复过旧居，始知早已为奸民囮诱洋兵，一哄散去，虽领事至无如何也。生平颇有述作、稿本不知何所，心力所存，尤足痛惜！即衣皿群碎，亦皆廿年积累，今乃一无所有。[①]

劫难之后，人间严复所关心者，是“廿年积累”的“衣皿群碎”；作家严复所痛心者，乃“心力所存”的“述作稿本”。春秋责备贤者，在遗嘱中严复谆谆叮嘱后人，群己冲突之际，群重己轻。可是，当八国联军侵占天津时，严复却

---

① 《严复全集17：信札汇编（上）》，第62-63页。

压根儿没有顾及真正的“廿年积累”且毁于一旦的护群大本营——天津北洋水师学堂。

为什么？

首先，严复对北洋水师学堂基本上是没有感情的。无论友朋私信，还是一封封家书，严复很少提及他所供职的学堂，偶一提及，也都是负能量满满，黑暗面多多，诸如“北洋当差，味同嚼蜡”“弟子无得意者……皆庸才”。其次，严复似乎早已身在曹营心在汉，当差北洋，脑思南飞。在津十多年，严复仍然难以适应北方的严寒。他致信四弟观澜，末尾不忘提及津沽之不能承受之冷：“兄体气近日愈觉怕冷，津沽一席渐恐不能久住……当徐图迤南向暖耳。”最后，严复的稻粱谋观，也深深地左右着他对水师学堂的当差体验。严复家书，还有一个令人难忘的焦点，即关心薪水。

严复北洋当差，经济上的困窘，只有少数家人知之。他写信四弟，救急救火之情，跃然纸上：

> 复达道内嫂林氏，至为穷困，归日求帮，已经答应。可否自本三月起，由慎安店月支三圆，以资度日，账归敝处交还，心感不尽。[1]

---

① 《严复全集17：信札汇编（上）》，第15-16页。

囊中羞涩，才开口求人。经济重压，让严复无心恋津，时时想着他就，以谋求“得知我之人月以一洋人之薪待我”：

今南学中既已有意欲开此局，此诚莫大盛举。兄何不为我一探盛廷尉口风？如能月以四百金见饷，则仆可扫弃一切，专以译事为生事矣。四百金看似骇人，然银价日微，不过往者之三百。而中国延请外人，动费千金月俸，其能事岂遂在复上耶？此非贪得，盖不如是，不能捐置一切也……此事果成，不但廷尉之费不至虚掷，即复亦不至虚生也。成人之美，非兄而谁？[①]

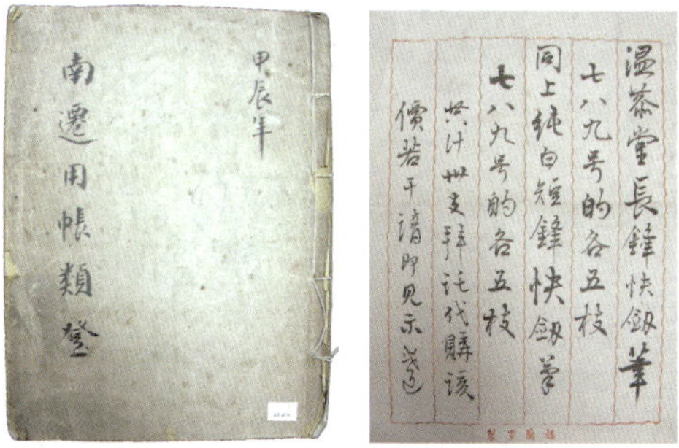

严复手书记账单

1899年，他向南方好友张元济发出的谋职求救函，所提月薪，数字精准；所含义理，文字感人：“廷尉之费不至

① 《严复全集17：信札汇编（上）》，第40页。

虚掷，即复亦不至虚生也。”但最终结果，还是落得一个“虚”字。南飞计划，依然泡汤。三年之后，严复不得不“身兼三差，然于公事无丝毫裨益。鸡肋之恋，正在月薪。此可谓见爱者道，难与不我知者言也”。

为知者言，乃真言也。传记真谛，严复之言，一语道破。

确切地说，天津，是严复的逃难所。严复所逃，实有两难：兵火灾难与经济困难。严复之所以难为世界人，难就难在，在自己的国度里求一物有所值的跟洋人一视同仁的经济待遇，难矣！

天津，也是严复的避难所。

1916 年 7 月 8 日，风平浪静的严复英文日记顿起波澜，突然冒出两句中文：

邓曼云来告政府决议，嘱急赴津。七点半到津寓。[1]

十万火急，严复立马行动，当晚抵津。所谓“政府决议”，一周之后，姗姗来迟。7 月 14 日，黎元洪政府颁发惩办帝制祸首令。杨度、孙毓筠、顾鳌、梁士诒、夏寿田、朱启钤、周自齐、薛大可等，赫然在列。令中无严复，他大喜过望。惊魂甫定，严复即写信给知音熊纯如：

① 《严复全集 23：日记》，第 139 页。

八日都下盛倡惩办祸首，不分皂白，儿子辈劝令来津暂避，乃于望门投止之时，得奉赐书，慰幸慰幸！然颇怪吾弟于时局之动机，但观表面，而未深察其隐微也。夫袁氏不度德、不量力……不觇外交，而规取神器，以其背誓违法，而滇、黔独立，犹可言也，至袁氏取消帝制，而滇、黔之独立如故，不可言矣……再进则曰“恢复约法”，则曰“召集国会”，则曰“惩办祸首”。虽究竟合法与否，论者尚有异言，然亦犹可言也，至于种种曲从，而军务院尚存，海军忽告独立，揭开天窗说亮话，人人争权利耳，此复成何国家耶！吾弟谓国势渐臻统一，此言无乃太早计欤？[①]

严复纵观全局，往往能得其大略，见人之所未见。一得益于他的思想穿透力，二来源于他的“世界之眼光”。但电筒一旦照向自己，难免有灯前盲之嫌。他谈及自己蒙难之隐因，就令人不解：

复生平浪得虚名，名者造物所忌，晚节末路，固应如此。不过人之为此，或得金钱，或取好官，复则两者毫无所有，以此蒙祸，殊可叹耳。[②]

① 《严复全集18：信札汇编（下）》，第94页。
② 《严复全集18：信札汇编（下）》，第94页。

事实上，严复并非如其所言，“浪得虚名”，而是“实”至名归。他因为翻译成就而享誉四海，仅商务版权所得，实际收入相当可观。他在商务的不菲存款，可以为证。确切地说，严复是名利双收。名利权三者之中，严复于官，缘分似乎不大，这也是其寡合性格和不良嗜好使然。但这并没有让他放弃在官场上寻找攀援的契机。前者如李鸿章，中间包括张之洞，近者如袁世凯，他都有示好表现和归附暗示。袁世凯的帝制风波，严复之参与，在半推半就之间，具有意味深长的暧昧性，并非像他和他的辩护者事后所撇清的那样，两袖清风，一身无辜。

未尝之苦　未遇之伤心

天津，给严复留下的记忆，是“生平未尝之苦”，是“平生未遇之伤心”。天津，乃严复的伤心处。1893 年，严复致函四弟观澜：

> 复自失偶之后，羌无好坏。去年冬至日，吐紫血裹痰者数口，未免深为忐忑，幸洋医验视，云乃喉管中淤血，无妨……复自去年九月以来，直是历过生平未尝之苦，只消此一语，家中人可以揣其情况，而三嫂仁贤，亦可跃然言外矣……总而言之，自去年到津而来，乃弟平生未遇之伤心，亦弟前此

未经之棘手。肠一日而九回，事百思而无策，形容憔悴，心绪凄紧。[1]

严复的丧偶之痛，他的个人体验，最为扎心，时隔一年，依然断肠。“三嫂”王夫人是严复的结发之妻，嫁入严家近卅载。严复眼里，她是理想之妻：

二十余日以来，兄无善足述，只有伤心。不但嫂氏生前贤慧，在在可思，而回看自己形骸，十风九雨……嫂在时，与兄系同功一体之人，没有过差，敢于谏戒。自今以往，孤立于世，凡事皆需自己留神，后辈何能劝沮；不料四十之年，一家旧人都尽，此后纵极荣华，而同苦者不能与我同乐，此所以略一思量，不禁放声长号，哽咽无已也。[2]

理想夫人的四个要素，严复谈之甚详：“生前贤慧”“没有过差”“敢于谏戒”“系同功一体之人”。夫人新逝，当其痛不欲生之际，严复也不忘埋怨当差地天津：“津地不但佳漆难购，而且漆工最拙，现时只得（把棺材）胡乱涂个严密，等到家时重行加工好了。”

津门客居卅载，严复的伤心事，还有二件：母亲之逝、

---

① 《严复全集17：信札汇编（上）》，第15页。
② 《严复全集17：信札汇编（上）》，第13页。

津寓火患、科场失意。三件之中，科场失意，对严复的打击最大。

晚清官场，严复格格难入，升迁乏力。究其原因，严复认为，这跟自己的教育背景有关。他虽然留学英伦，既学得海军方面的专业知识，也掌握了现代学术所必不可少的敲门砖——英文。但他的出身，并非“正途”。当时的根红苗正之途，乃科举取士，而靠“旁行书”打天下，难免人微言轻，不受待见。

这种主流意识形态之下，严复觉得自己难展鸿鹄之志，决定一搏，参加科举：

1885 年，天津—福州—天津，铩羽而归；

1888 年，天津—北京—天津，无功而返；

1889 年，天津—北京—天津，空手而回；

1893 年，天津—福州—天津，四试皆空。

天津，是严复的出发点，也是严复的归宿点。四次折腾，一无所获。严复本人似乎不会去想，他科场的运气跟天津有何关系，但他的背运让他思考中国国运与科举制度的关系，更为痛心。这也许是严复的“天津红利”。

距离严复最后一次科场失意两年之后，严复哪里跌倒哪里喷。就在天津的《直报》上，针对“恶贯满盈”的科举制度，他怀着满腔愤怒，火力全开：

天下理之最明而势所必至者，如今日中国不变法则必亡是已。然则变将何先？曰：莫亟于废八股。夫八股非自能害国也，害在使天下无人才。其使天下无人才奈何？曰：大害有三。

其一害曰：锢智慧……

其二害曰：坏心术……

其三害曰：滋游手……

夫数八股之三害，有一于此，则其国鲜不弱而亡，况夫兼之者耶！[①]

这篇雄文，长达万字，字字见血，句句泣泪，是针砭天朝病的利刃。它背后的悲，是多达四次的科场败北，这让严复芒刺在背。

为学者宗　垂后不朽

严复的天津创伤，内化升华，让他不朽。中国旧法之三不朽理念，无论在文章谈话中，还是在日记书信里，他很少提及。但这并不能掩饰一个事实：严复是一位有着浓厚的不朽情结之人。就在天津博物馆中，严复的一副行书对联，令人刮目：

① 《严复全集 14：政论散文汇编（上）》，第 70–73 页。

奉魁承杓　垂后不朽

钩河摘洛　为学者宗

联首题赠为“荷舫贤世讲雅属”，落款为“侯官严复”，并钤印两方。严复对不朽的理解，针对性强，即谓教书育人之业，譬如北斗闪耀，恰似河洛丰润，必为学者宗师而“垂后不朽”。不妨说，这也是严复北洋水师学堂二十年“异常出力”之写照。但天津期间，真正让严复不朽者，除了正教习—会办—总办之严复而外，他更是一位影响家。

他的影响，主要体现在三个方面：一，作为舆论家的严复；二，作为教育家的严复；三，作为翻译家的严复。舆论家、教育家、翻译家，这是严复的“三不朽”，而正是天津，成就了严复的三个不朽点。

舆论家严复，论者甚少。实际上，作为舆论家，严复影响巨大。他之所以成为舆论家，性格使然。他虽然老年反思，但舆论家所必须的素质，严复天然具备：

仆当少年，极喜议论时事，酒酣耳热，一座尽倾，快意当前，不能自制，尤好讥评当路有气力人，以标风概，闻者吐舌，名也随之。顾今年老回思，则真无益，岂徒无益，且多乖违。此昨日所云某公所以在报界则鸣必惊人，至于实行，则靡一效。殷鉴不远，可勿自惩。[1]

他的影响谱系，得力于他作为舆论家而立足天津，辐射九州，反哺世界。舆论家严复跟两份中国报业史上赫赫有名的报纸有关：一份为天津的《国闻报》，另一份为天津的《直报》。天津最有影响的《大公报》，也跟严复休戚相关，《大公报》三个大字，就是严复所题写。这三份报纸，让餐桌上的清谈家严复，找到了影响全国的突破口。

晚晴民国的几位大影响家，如梁启超、胡适、鲁迅，几乎没有不受严复影响的。可以说，中国近代的影响谱系，严复是一个源头。他跟大舆论家梁启超的关系，值得一探究竟：

新民执事：

承赠寄所刊《丛报》三期，首尾循颂，风声潮长，为亚洲二十世纪文明运会之先声……三篇所载，皆极有关系文字，而鄙诚所尤爱者，则第一期之《新史学》，第二期之《论保教》，第三期之《论中国学术变迁》……至乃谓于中学西学，皆第一流人物，则不图增受者之恕颜，亦将羞神州当世贤豪，而大为执事知言之诟。仆于西学，特为于众人不为之时，而以是窃一日之长耳……若夫仆中学之浅深，尤为朋友

① 《严复全集18：信札汇编（下）》，第54-55页。

所共见，非为谦也……晚学无师，于圣经贤传，所谓宫室之富，百官之美，皆未得其门而入之。①

1902年，严复致梁启超的信，知底交心。一方面，梁启超等一众意见领袖把严复捧到无以复加的地步，“中学西学，皆一流人物”。另一方面，严复恪守君子务本之古道，拒绝给自己戴高帽子，干脆直言：他于西学“于众人不为之时，而以是窃一日之长耳”；于中学“晚学无师”“未得其门而入之”。知之为知之，不知为不知，其人格力量，“为学者宗”。但是，这封信里，最值得称道的部分，是开头几句。严复俨然一代宗师，他所欣然首肯者，是梁启超的学术文字。《新史学》也好，《论中国学术变迁》也罢，严复所提倡的新学问，他希望由舆论家们见诸刊物，广布天下，以救亡保种。救国所必须者，学问也。

舆论家严复，虽然呼风唤雨，纵横乾坤，但他所心心念念者，还是翻译。1899年，他致函张元济：

……再取大书，如《穆勒名学》、斯宾塞《天演第一义海》诸书为译。极知力微道远，生事夺其时日，然使前数书得转汉文，仆死不朽矣。②

① 《严复全集17：信札汇编（上）》，第106–107页。
② 《严复全集17：信札汇编（上）》，第41页。

可见，严复眼里，他的“安心立命不朽之业”，仍在翻译。他不朽之业的始点依然在天津。

梁启超

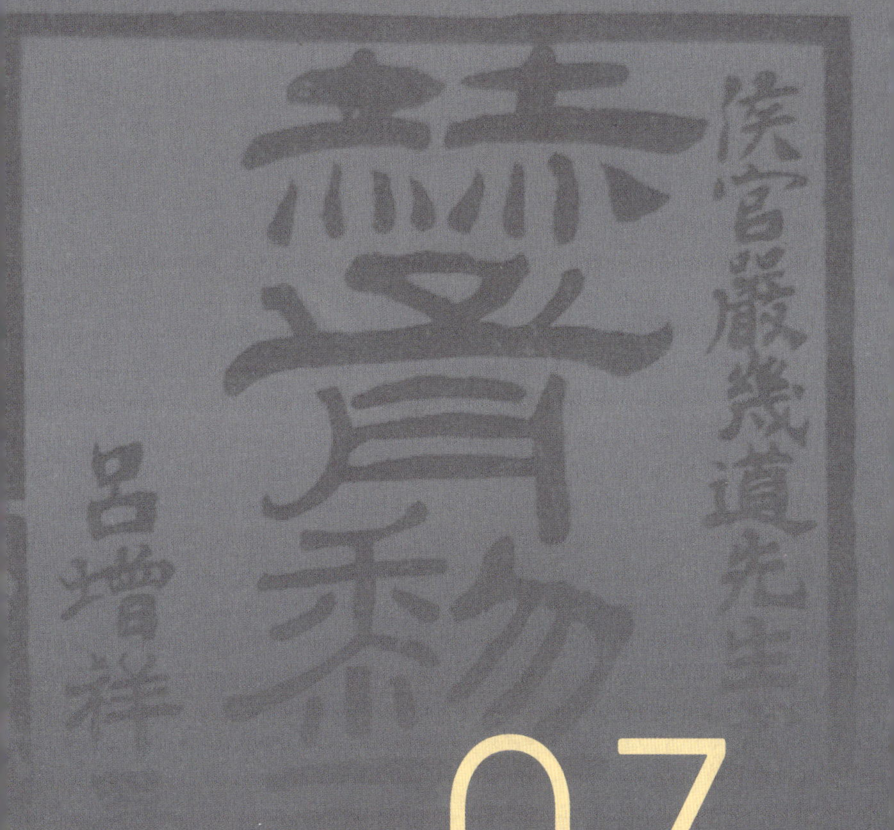

03

翻译家曰

1905年，严复第二次赴英时所摄，时年53岁

译家译手，根本区别，豁然在目：前者有大追求，翻译不是手段，而是目的。其目的是，建构一种崭新的话语观和世界观，升级旧文化，走向新世界。译手则不然，既没有两种文化的全局观，更没有普罗米修斯的盗火者精神。他们的

所翻所译，虽也硕果累累，但最终偏于一隅，难以让不同文化产生嫁接效应，更谈不上诞生一种新的译语文化。

显然，严复者，译家也。

严复，翻译前有其译家韬略，翻译中有其译家章法，翻译时看重译家素养，翻译后关心译家权益。

近代中国文化之转型，严复的贡献，他人难出其右。蔡元培评价严复，独具慧眼：

> 五十年来，介绍西洋哲学的，要推侯官严复为第一……他译的最早，而且在社会上最有影响的，是赫胥黎的《天演论》。自此书出以后，“物竞”“争存”“优胜劣败”等词，成为人人的口头禅……严氏于《天演论》外，最注意的是名学……严氏觉得名学是革新中国学术最要的关键……严氏最佩服的，是斯宾塞尔的群学……严氏介绍西洋哲学的旨趣，虽然不很彻底，但是他每译一书，必有一番用意。译得很慎重，常常加入纠正的或证明的案语，都是很难得的。

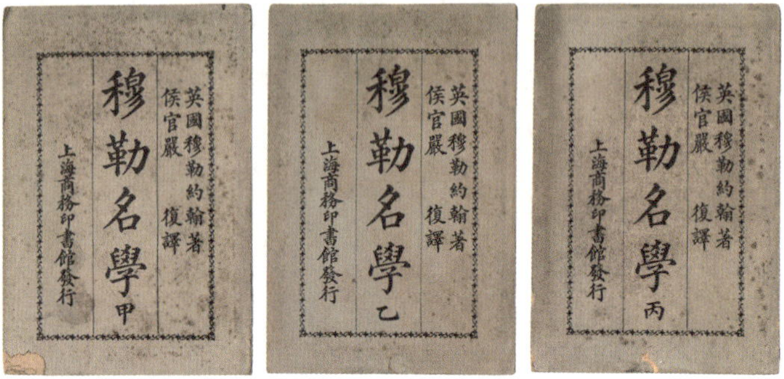

《穆勒名学》商务印书馆

蔡元培“推侯官严复为第一”，无以复加，倒也符合事实。但他对严复的“一番用意”，虽也点中二三，而这二三点，也是严复的老生常谈，所以“不很彻底”。要彻彻底底来描绘严复，他的译家韬略，值得一探究竟。

译家韬略

译家格局，在于布局，严复是一位善于布局的翻译家。他擅长跨文化布局，也精于跨学科布局。他的布局意识首先在于，他对中国文化有着深邃的洞见。他的目标，十分明确：“生为此国之人，即各有为国尽力之天职。”他的天职在于，埋头翻译，学术救国，而中国学术的软肋在哪里？他洞若观火：

时事岌岌，不堪措想……中国今日之事，正坐平日学问之非，与士大夫心术之坏，由今之道，无变今之术，虽管、葛复生，亦无能为力也。①

严复在家书里向其长子严璩沉痛地指出了中国的两大顽疾："学问之非"与"士大夫心术之坏"。"变今"之术在哪里？真的是管仲、诸葛亮再生，也一筹莫展吗？可是，两年之后，即1886年，严复致函梁启超，即提出他的变今方略：

是以今日之政，于除旧，宜去其害民之智、德、力者；于布新，宜立其益民之智、德、力者。②

显然，智、德、力三者之中，民智为首。中国顽疾的关键是什么？严复在给五弟严观衍的信里一语道破：

中国不治之疾尚是在学问上，民智既下，所以不足自

① 《严复全集17：信札汇编（上）》，第26页。
② 《严复全集17：信札汇编（上）》，第31页。

立于物竞之际。[1]

中国“学问之非”，非在哪里？中国学问的问题，到底出在哪里？严复认为，中国的学问，主要出在学者身上：“中国学者，于科学绝未问津，而开口辄曰吾旧有之，一味附会，此为一时风气，然其语近诬，诬则讨厌，我曹当引以为戒也。”所以，鉴于中国学术的诸多问题，严复开出的药方，直截了当：

> 中国所本无者，西学也，则西学为当务之急明矣。且既治西学，自必用西文西语，而后得其真，若夫吾旧有之经籍典章未尝废也。[2]

无论中国危机多么积重难返，严复依然不忘“吾旧有之经籍典章未尝废也”。这也就是他为什么不赞同梁启超的观点：中国学

① 《严复全集17：信札汇编（上）》，第33-34页。
② 《严复全集17：信札汇编（上）》，第101页。

问是“纸的学问”，而非“事的学问”。事实上，中国的“学问之非”，恰恰在于数千年来绝大多数知识精英所做的主要是“纸的学问”，即故纸堆里的学问。中国学问的悲剧，英国科学史家李约瑟有过经典的描述。王佐良的译文如下：

> 在一个官僚主义化的、重文学的社会的世界观的激励下，学者们竭尽全力去研究历史学、语文学、考古学。结果不是产生西方那种足以改变时空世界的可怕力量，而是建立起一个巨大的学问结构，其中尽是关于一个民族的过去的知识。只是到了晚近两世纪，欧洲才有勉强能与之相匹的同样结构。
>
> 1704年7月9日，这一学问结构的最伟大的建造者之一的阎若璩在北京病倒了。这病只消用后来近代科学发现的一种药的几个毫克就可治愈，可是他却长眠了。这一图景既说明了中古中国人文主义的高贵，也说明了他的弱点。[①]

在此，李约瑟击中了当时中国学问的命门：所建立的“巨大的学问结构，其中尽是关于一个民族的过去的知识”。其世界观的可怕之处，就在这里：认识世界，具有根深蒂固的单线单向性。单线，即只在时间这一条纵轴之上独舞；单向，

① 王佐良著：《风格和风格的背后》，北京：人民日报出版社，1987年，第8页。

即单挑时间中过去这一维度深耕。严复的深谋远虑在于，他试图突破天朝数千年来牢不可破的单线、单向的世界观。他的跨文化韬略，意在开新：铺设思维横轴，即空间的横向拓展之轴。他的呐喊，振聋发聩："中国所本无者，西学也，则西学为当务之急明矣。"

如何治西学？严复的答案，毫不含糊："既治西学，自必用西文西语，而后得其真。"显然，作为翻译家，严复并没有把翻译的作用上纲上线，无限拔高。相反，他把翻译的功能压得相当之低：

> 吾闻学术之事，必求之初地而后得其真，自奋耳目心思之力，以得之于两间之现象者，上之上者也。其次则乞灵于简策之所流传，师友之所授业。然是二者，必资之其本用之文字无疑也。最下乃求之翻译，其隔尘弥多，其去真滋远。[1]

译家事业，说到底，是"嚼饭与人"。所以，严复在此对毕生所从事的职业从不护短，而是明明白白告诉世人，要得真知，要取真经，西文西语，必下苦功。求助翻译，在学术之途上，乃最下之策。

可是，严复如何做到让最下之策产生了最高之效的呢？

---

① 《严复全集17：信札汇编（上）》，第99页。

严复所布的第二个局，即跨学科之局，奏了奇效。《天演论》之所以在中国思想史上轰动一时，影响巨大，甚至当时的思想界领袖康有为也不惜笔墨为之赋诗：“我生思想皆天演。”显因自然不必多提，最重要的隐因大概是，严复引入了一门全新的学科——达尔文的进化论生物学。严复带来了建基在科学主义之上的世界观来改造中国，花岗岩遇上原子弹，其效应可想而知。

逻辑问题，是中国学术思想的顽疾。不讲逻辑，谈何学术。没有逻辑性，哪来科学性？所以，严复痛下决心，翻译《穆勒名学》，绝非兴之所至，而是有的放矢：中国“学问之非”，非在缺一根弦，即逻辑之弦。“逻辑者，侯官严复译曰‘名学’者也……中国言逻辑者，始于严复”。自此之后，弦歌不辍，一代一代中国逻辑学者，如胡适、金岳霖、沈有鼎，进入学界，为中国学术理顺脉络。

群学，即社会学，是严复挽救中国计划的又一副猛药。天津北京期间，严复常常闭门谢客，落落寡合，给人一种为人孤傲的形象。但具有悖论意义的是，这样一个极不合群的人，却是中国提倡乐群理念嗓门最高的人。他深知，国之兴亡，全系群力。对于群学之大用，严复在译序里拔得极高：

群学何？用科学之律令，察民群之变端，以明既往、测未来也。肄言何？发专科之旨趣，究功用之所施，而示之以所以治之方也。故肄言科而有之。今夫士之为学，岂徒以弋利禄、钓声誉而已，固将于正德、利用、厚生三者之业有一合焉。群学者，将以明治乱盛衰之由，而于三者之事操其本耳。①

如严复所言，群学，明既往，测未来，察治乱盛衰之由，操正德利用厚生之本，俨然一门现代“神学”。

群学之用，可谓大矣！

同样，严复的其他译著，如《原富》《群己权界论》《社会通诠》《英文汉诂》《法意》等，广涉经济学、哲学、政治学、语言学、法学等各个学科。对于这些学科的战略意义，他无不一一浓墨重彩，加以诠释，让西方学术不但落地中土，而且生根发芽。

纵观严复译著所涉及的学科，可以毫不夸张地说，现代学术的半壁江山，尽收其译笔之底。他的跨学科布局，成就了他的译家格局。不妨说，前无古人，后无来者，目前为止，一人而已。

---

① 《严复全集 4：群学肄言》，第 1 页。

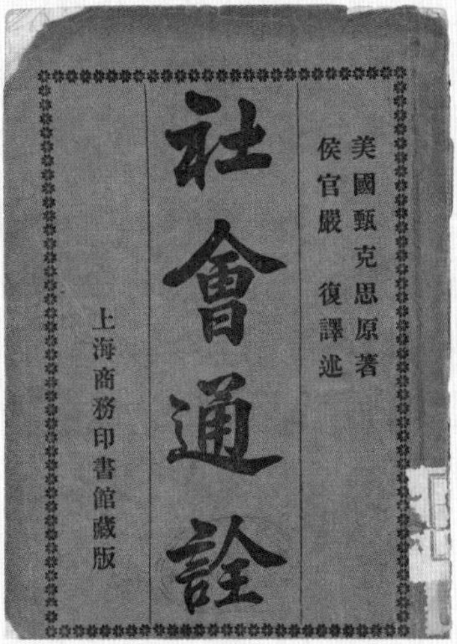

《社会通诠》商务印书馆

译家章法

每谈译家严复，必讲其老掉牙的三字经。其实，信达雅又何尝不是烟幕弹，遮蔽了我们的视线，从而看不到严复翻译里更为实质性的东西。他的译作，洛阳纸贵，革新华夏，仅仅信达雅三字何以了断？更何况他本人的译文常有不信不达不雅之处，直接背离了他对译者的职业诉求。严复跟日本汉学大师内藤湖南的对话，颇能说明问题之一二：

> 内藤湖南：大著《天演论》，蒙方先生惠赠，已捧读，文字雄伟，不似翻译，真见大手笔。
>
> 严复：因欲观者易晓，故不拘泥于原文句次，然此实非译笔之正法眼藏，第近所译《计学》，则谨守绳墨，他日成书，当以求救。①

日本人话里有话，似恭实攻，阁下的巨译《天演论》，“不似翻译”，真大手笔也。严复倒也落落大方，气度不凡，如实承认：自己确实天马行空，“非译笔之正法眼藏”。言下之意，“神翻译”《天演论》，的确不是信达雅的翻译，而是逞才使能的“演译”。可是，严复的《天演论》之所以

① 贾长华主编:《严复与天津》，天津：百花文艺出版社，2008年，第112页。

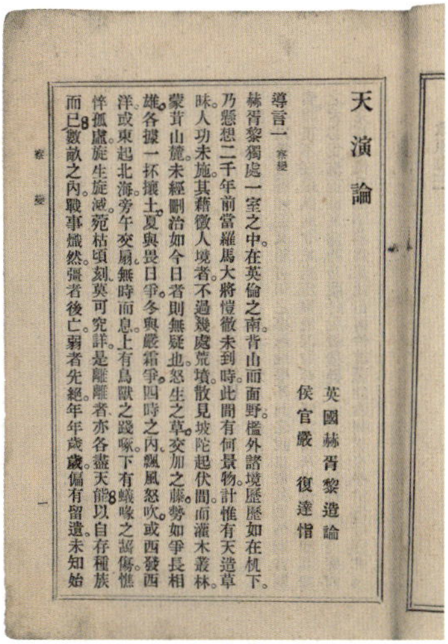

天演論

英國赫胥黎造論

侯官嚴復達恉

導言一 察變

赫胥黎獨處一室之中。在英倫之南。背山而面野。檻外諸境。歷歷如在机下。乃懸想二千年前。當羅馬大將愷徹未到時。此間有何景物。計惟有天造草昧。人功未施。其藉徵人境者。不過幾處荒墳。散見坡陀起伏間。而灌木叢林。蒙茸山麓。未經刪治如今日者。則無疑也。怒生之草。交加之藤。勢如爭長相雄。各據一抔壤土。夏與畏日爭。冬與嚴霜爭。四時之內。飄風怒吹。或西發西洋。或東起北海。旁午交扇。無時而息。上有鳥獸之踐啄。下有蟻蝝之齧傷。憔悴孤虛。旋生旋滅。菀枯頃刻。莫可究詳。是離離者。亦各盡天能。以自存種族而已。數畝之內。戰事熾然。彊者後亡。弱者先絕。年年歲歲。偏有留遺。未知始

《天演论》清光绪年间印本

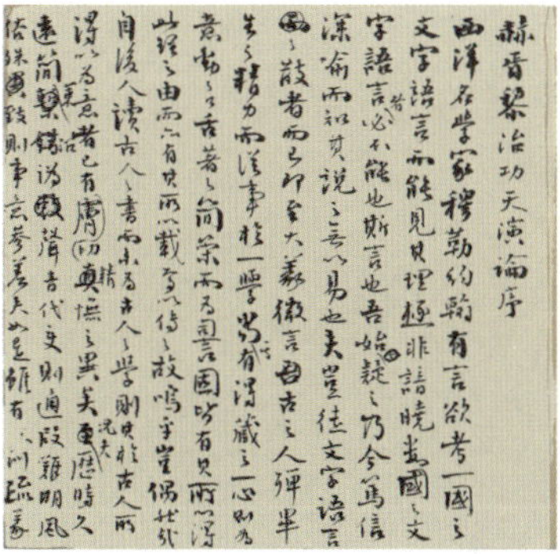

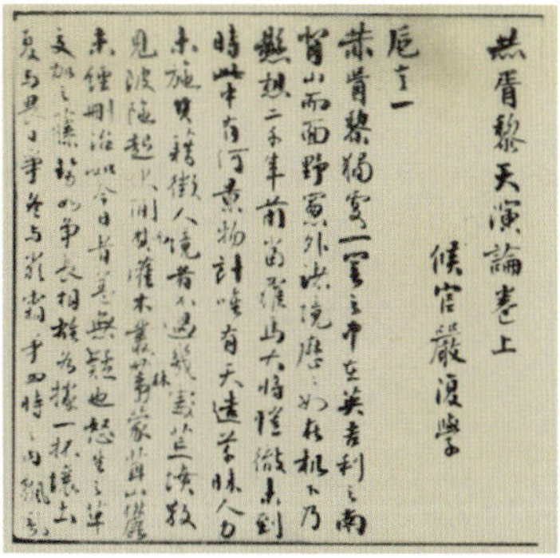

《天演论》译著手稿

成为“神翻译”，他的其他名译之所以在中国读书界不断掀起惊人之波澜，战术层面，他的译家章法，不容小觑。

增设名家名序这种类文本为译作造势，严复别擅胜场。他的译作，作序之人，择其要者，有桐城吴汝纶（《天演论》吴序）、钱塘夏曾佑（《社会通诠》序）、长乐高凤谦（《订正群学肄言序》）。这些人名重一时，个个都是文章高手，落墨即金。仅就序言，各摘数节，见微知著：

严子几道既译英人赫胥黎所著《天演论》，以示汝纶曰：“为我序之。”天演者，西国格物家言也。其学以天择、物竞二义，综万汇之本原，考动植之蕃耗，言治者取焉……赫胥黎氏起而尽变故说，以为天不可独任，要贵以人持天。以人持天，必究极乎天赋之能，使人治日即乎新，而后其国永存，而种族赖以不坠，是之谓与天争胜。

抑汝纶之深有取于是书，则又以严子之雄于文，以为赫胥黎氏之指趣，得严子乃益明。自吾国之译西书，未有能及严子者也……严子一文之，而其书乃骎骎与晚周诸子相上下。[1]

吴序的两大作用，一目了然：阐述《天演论》与“国永存、族不坠”之关系，这是危机重重的中国精英所需；把严复升格为“严子”，让他登堂入室，比肩诸子，这是译家严复的经典化所要。作为类文本的序，序得其所，两全其美。

夏序高序，莫不如此。先引夏序，后录高序：

侯官先生所译《社会通诠》十四篇，为英人甄克思所著……曾佑读之，以为今日神州之急务，莫译此书若。[2]

严子厚余，尝数千里外寄所述作相示。余于严子之作，亦无所不读，尤喜《群学肄言》一书……乃世之言群治者，以为可不学而能，随吾意所至，信口以道，曾若无所庸心。无怪乎人人言群治，日日言群治，而群治终不进也……严子所译著，大半言群治，而是书实为先导。吾敢正告世之喜谈

---

① 《严复全集 1：天演论》，第 1–3 页。
② 《严复全集 6：社会通诠》，第 1 页。

群治者曰："欲读严子之书，必先读《群学肄言》。"①

序言功能，严复特别看重。事前，他跟序主常常联系，功夫做足，正如高凤谦所透露的："严子厚余，尝数千里外寄所述作相示。"事后，他往往甘当绿叶，乐作"衬序"。其结果，他的三部力作，都出现了"双序"，甚至"三序"现象。

《天演论》双序：吴序、译《天演论》自序；

《群学肄言》双序：订正群学肄言序、译群学肄言序；

《社会通诠》三序：（夏）序、译者序、原序。

一篇名家序言，一篇译者序言，双峰并峙，叠合效应，油然而生。加上作者之原序，三序并奏，甚至有些交响的效果。序，乃龙头工程。严复绝不含糊，因为他深知中国读者有一通病，购书之后，往往束之高阁，但闪读序言，蔚然成风。核心思想，一旦纳入序中，读者也算神龙瞥见其首也。所以，严复作序，铆足了劲。

严复是为数不多的把序言用到极致的译家。他的译家章法，远不止此。

译文语言，是严复苦心经营的又一法宝。输入新思想，必然输入层出不穷的新词汇、新概念、新术语。这些都是翻

① 《严复全集4：群学肄言》，第1–2页。

译道上的拦路虎，让严复伤透了脑筋，“一名之立，旬月踟蹰”。“计学”，即是一例；“名学”，又是一例；“群学”，是其三例。问题是，这些严复绞尽脑汁、费尽心思所自铸的新词为何大多如过眼云烟，进了古董博物馆？

这跟严复的翻译语言观有关。

1899 年，严复致函张元济，谈及他的译文语言：

> 昨晤汪、杨二君，皆极口赞许笔墨之佳，然于书中妙义实未领略，而皆有怪我示人以难之意。天乎冤哉！仆下笔时，求浅、求显、求明、求顺之不暇，何敢一毫好作高古之意耶？又可怪者，于拙作既病其难矣，与言同事诸人后日有作，当不外文从字顺，彼则又病其笔墨其不文，有求于世，则啼笑皆非。[①]

事实上，两难之中，严复是有自己的定见的。他的翻译语言，绝非如他所言，“求浅、求显、求明、求顺”。那不是严复的风格。相反，他追求文辞高古，笔墨渊雅。难，是其译作的一大特点。这个特点，严复做过辩护：

> 若徒为近俗之词，以取便市井乡僻之不学，此于文界，

① 《严复全集 17：信札汇编（上）》，第 52 页。

乃所谓凌迟，非革命也。且不佞所从事者，学理邃赜之书也，非以饷学童而望其受益也，吾译正以待多读中国古书之人。使其目未睹中国之古书，而欲稗贩吾译者，此其过在读者，而译者不任受责也。夫著译之业，何一非以播文明思想于国民？[①]

“古书”“古书”，古书不离口。作为译家，严复成在此，败也在此。他的期待读者，乃饱读古书之人，所以，他在士大夫阶层享有口碑，广有市场。他的译作，傲人之处，就是解决了西洋作品进入中国水土不服的大毛病。这得益于他的以古译洋。但他的问题，即使梁启超辈，也毫不讳言：“刻意求古。”西洋之足，套入中国的古靴，走不远，不亦宜乎？

这也是严译名著的宿命。

可是，严译名著，迄今为止，研究者代不乏人，究竟何故？原因无他，他的译家章法，还有一点，大可借鉴：

《原富》一书译者太半……此书开卷当有序述、缘起、部篇、目录、凡例、本传诸作，复意俟成书时终为之。[②]

但全文尽译之后，尚有序文、目录、例言及作者本传。又全书翻音不译义之字，须依来教作一备检，方便来学。[③]

---

① 《严复全集17：信札汇编（上）》，第108页。
② 《严复全集17：信札汇编（上）》，第53-54页．
③ 《严复全集17：信札汇编（上）》，第58-59页。

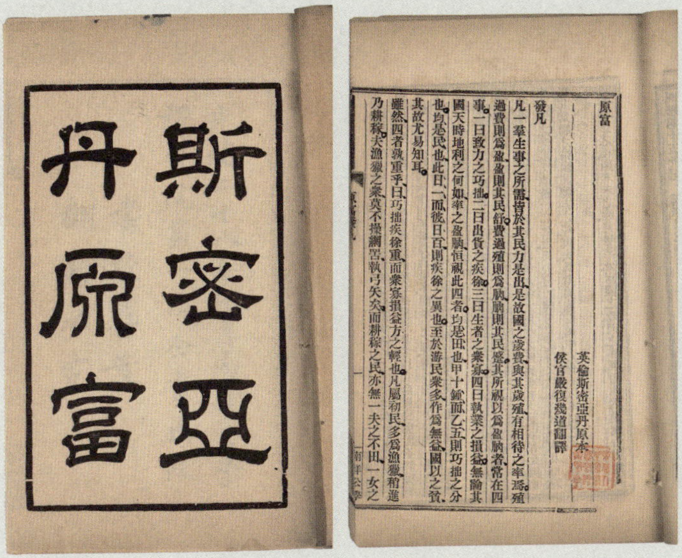

《原富》，扉页有“光绪二十八年十月南洋公学译书院第一次全书出版”字样

以上两段，摘自严复致张元济的两封信，分别写于1899年与1900年。不难看出，严复的译家意识，十分专业。他不想翻书之后，一译了之，而是愿意去做一项特别的工作，即给译作“全文本化”——序文、目录、例言、作者本传、年表、备检，细大不弃，一应俱全。尽管这些美好的愿望，没有全部落实，但严复做了一件事，却让读者难以忘怀、受益无穷。《原富》这部巨译，从头至尾，都有译家严复的案语。

译家案语，是严复的一大创获。他的海量案语，或说明，或联想，或纠谬。无论何者，无不充分展示了严复作为译家的才学。我们来看一下《原富》的几条案语。

篇一案语：

> 斯密氏成书于乾隆四十年，去今百余岁矣，故其所言多与西国今日之情形异。今日大制造，多萃于一厂一肆之中。盖铁轨既通，会合綦易，而一以省中侩之费，二以交相保险，而收利不畸重轻，此虽大制造所以不散处也。[①]

不说明背景，特别是成书年代与今日之异，中国读者难免丈二，不知所云。说明解释，对于读者透彻了解译作，往

① 《严复全集2：原富（上）》，第3-4页。

往必不可少。严复为之，颇导先河。

篇三案语：

> 中国北之黑龙，南之澜沧，皆坐此患。一失之于俄，一失之于法也。[①]

篇三最后一段，亚当·斯密论述河流之支流下游对于通商之重要。这让严复顿时产生联想，凡有联想，必涉中国。他的失河亡国之痛，涌上心头。严复的译作，有一股特殊的魔力。它们时时刻刻戳击读者的痛点，让他们“君子不忘亡国恨”。严复翻译，意在“救时”，他的案语，是最好的提示器。

严复的译家案语，有时也会长篇大论，甚至“喧宾夺主”。限于篇幅，姑举一例。

篇五案语：

> 以他书考之，斯密氏此言颇失实也。英始造金币在宋理宗宝祐五年，自此时已令民用为法偿，而与银折兑之率，则国主时时颁令定之，直至康熙三年犹用此法。则其云不得用作法偿久，而官不强定价者，误矣。[②]

---

① 《严复全集2：原富（上）》，第18页。
② 《严复全集2：原富（上）》，第38页。

纠错指谬，严复做起来似乎得心应手。“斯密氏之言钞也，其所指便民利用之由，若专专于其物之不费者。虽然，此不足以尽钞之美也。”无论是“法偿”（legal tender），还是“钞”，严复总能火眼金睛，发现问题，而且能让事实与数据双管齐下，证明自己的观点，有理有据。他案语一出，几近千言，显示了出色的译家素养。

译家素养，严复十分看重。

译家素养

译家素养，首先是其综合素养。具体来说，译家需要具备一定的跨学科素质。这一点，严复体会尤深。1899 年，关于续译斯宾塞书一事，严复致函汪康年，说出了自己心中硬核译者的基本条件：

> 《劝学篇》不比寻常记论之书，颇为难译；大抵欲达所见，则其人于算学、格致、天文、地理、动植、官骸诸学，非常所从事者不可。今其书求得时姑寄去；如一时难得译手，则鄙人愿终其业。[1]

---

① 《严复全集17：信札汇编（上）》，第 35 页。

这里，严复一口气列出了“算学、格致、天文、地理、动植、官骸”等六个学科，而一位训练有素的译者的必备条件，则是“非常所从事者不可”。这样的译者，中国传统的教育体制，自然难以培养。严复具备这个条件，因为他特殊的职业教育背景所致。他所进的不仅仅有老式私塾，而且还有新式学堂——马尾船政学堂。此后，他又负笈英伦，留学数载。

福州船政学堂期间，他所学的科目有：

> 英文、算术、几何、代数、解析几何、割锥、平三角、弧三角、代积微、动静重学、水重学、电磁学、光学、音学、热学、化学、地质学、天文学、航海术等。[1]

毋庸讳言，15 岁的严复，面对这眼花缭乱的 19 门科目，难以有深入的研究。学堂所学，基础而已。但就是这些基础的学科知识，为译家严复奠定了现代学术的根基。它们让严复认识到，中国传统的国学与现代西学的实际差别，具体在哪。十年之后，25 岁的严复漂洋过海，抵达英伦，就读于格林威治皇家海军学院。根据郭嵩焘的日记，海军学院期间，严复研习的科目，虽然比船政学堂期间的科目锐减，但依然

---

① 王栻主编：《严复集》第五册，北京：中华书局，1986 年，第 99 页。

英国格林威治皇家海军学院

有近十门，包括重学、算学、化学、格致学（含电学）、炮弹、铁甲船、绘图（画炮台图、画海道图）、历史（论德法交战、俄土交战）等。

多学科的训练，构成了严复学堂教育和留学教育的核心内容。译家严复之所以能纵横于生物学、政治学、哲学、逻辑学、社会学、法学、经济学等多个学科领域，旁通而不滞，他的早期教育，功不可没。这也不难理解为何对于不通专业而强作译人的现象，严复曾痛下针砭：

理财一学，近今学者以微积曲线，阐发其理，故极奥秘难译……总之，前数项固属专家之学，然译手非于西国普通诸学经历一番，往往不知书中语为何，己先昏昏，安能使

人昭昭？无是理也。又或强作解事，如前者次亮诸公之译富国策，则非徒无益，且有害矣。[1]

作为译家，严复的跨学科素养固然重要，但他的看家本领，依然是其古文修养。谈译家素养，这一点举足轻重。每次出国，严复特别关注留学生的国文修养。即使海外华侨，严复也留心他们的国学功底。他常常感叹译才之难：

方今谈洋务者如林，而译手真者最不易觏……此以见世趋时逐利者多，而朴学求自得之懿者鲜也。

① 《严复全集 17：信札汇编（上）》，第 42 页。

译才稀少，严复在此找出了一外一内两条显著的原因：外在的原因，追名逐利，让人难以沉潜，埋头译著；内在的原因，学者自身不能返璞归真，以学问为天职，以译书为己任。在回答张元济的咨询时，严复说得更为中肯：

> 目下学习洋文人几于车载斗量，然其发愿皆以便于谋生起见，其为考察学问政治，而后肄力于此者，殆不经见。粤中便家及新加坡、檀香山等处富人，多送子弟往英美各国学堂肄业者。顾其人于中国文字往往仅识之无，招充译手，纵学问致高，亦与用一西人等耳。所以洋务风气宏开，而译才则至为寥落。[1]

译才罕见之因，严复在此说得再明白不过了：对学问真正有兴趣者，少之又少。而像严复那样，从小到大，不失学问之心者，屈指可数。当然，最重要者，懂西文者，不乏其人，甚至在海外南洋地区比比皆是。但是，真正做到外文佳，中文亦佳者，实属稀缺资源也。严复特别指出，这些海外华人，其作用跟西人无异，因为他们“于中国文字往往仅识之无”。

严复强调“中国文字”的修养，由来已久。这根植于他的个人经历，他的古文修养，是有童子功的：

① 《严复全集17：信札汇编（上）》，第40页。

自束发就傅以来，所读书自《三字经》至二十七史，几无往不闻君臣之义。以其耳熟，遂若无足深言，无可思忖也者。[①]

严复七岁，“束发就傅”，进入私塾，师者包括“泛览渊博”的五叔严厚甫、闽中名宿黄少岩。后者对严复影响尤大：

黄督课很严，所授不限于经书，但又抽大烟瘾，严复日课毕后，常侍坐烟榻之侧，饱聆老师谈说宋、元、明学案及典籍，为尔后寻究学术打下思想基础。[②]

不管是严复的个人自述，还是别人的回忆资料，我们从中不难发现严复的古文修养有一个特点：他不是那种为文字而文字的章句小儒，而是探寻二十四史和宋元明学案及典籍背后意蕴的有道之士。

他的格局，是把整个中国学术吞下去。所以，他的文字，气象万千。这就是为什么我们比较容易理解严复所推崇的古文大家，是司马迁和韩愈。而他晚年倾注大量心血所评点的国学名著，是《老子》《庄子故》《王临川全集》和《古文辞类纂》。

---

① 《严复全集 11：政治讲义》，第 21–22 页。

② 孙应祥著：《严复年谱》，福州：福建人民出版社，2003 年，第 11 页。

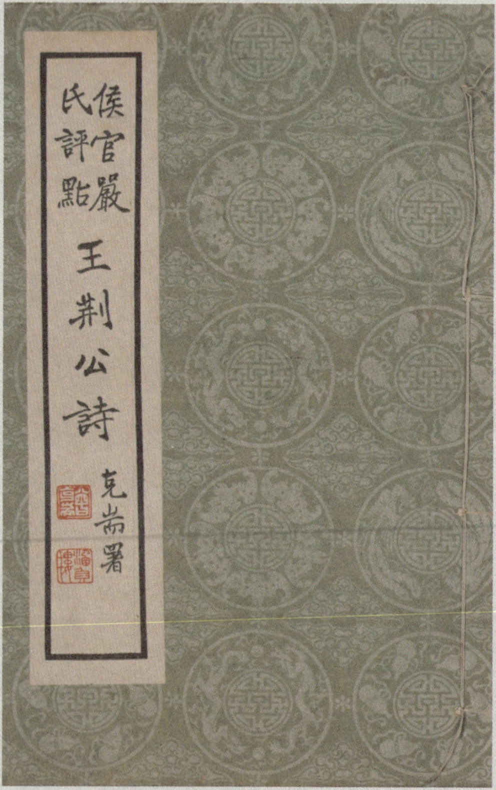

《评点〈王荆公诗〉》

《评点〈庄子〉》

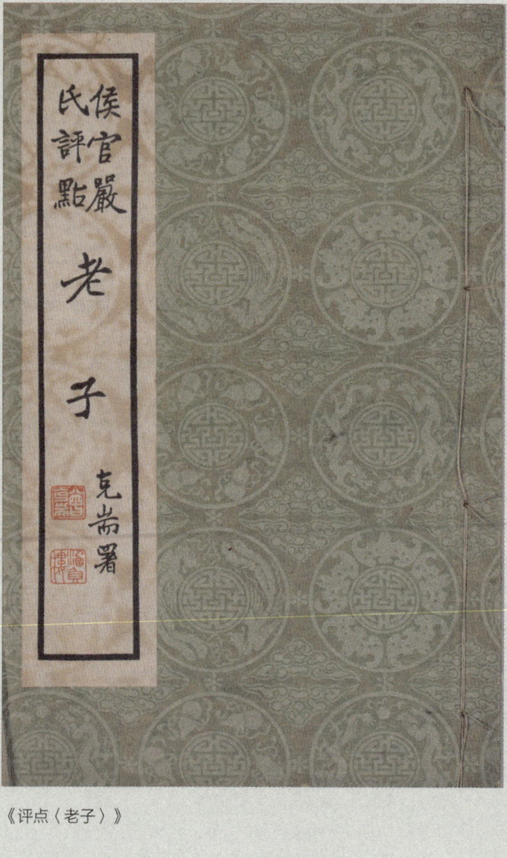

《评点〈老子〉》

严复的古文修养之根，基本在此。这些根系，几乎囊括了他国学方面的精神滋养。而作为译家，他的物质生存，又靠什么来维系呢？他的译家素养，又靠谁养？

译家权益

译才之难得，严复常常感慨。确切地说，他更应该感慨的是，译才养成之难。严复的《论译才之难》，这样感喟：

> 译才岂易言哉！曩闻友人言，已译之书，如《谭天》，如《万国公法》，如《富国策》，皆纰缪层出，开卷即见。夫如是，则读译书者，非读西书，乃读中土所以意自撰之书而已。敝精神为之，不可笑耶？往吾不信其说，近见《昌言报》第一册译斯宾塞尔《进说》数段，以资互发。乃二译舛驰若不可以道里计者，乃悟前言非过当也。[1]

翻遍世界译史，译者之误，多如牛毛，甚至像鲁迅这样的名家译者，初出茅庐时也不免犯下一些低级错误。茫茫译海，谁能侥幸而不触礁？问题的关键是，既然通晓两种语言、两种文化的译才培养如此之难，耗时如此之久，那么译才一旦

① 《严复全集 14：政论散文汇编（上）》，第 187 页。

养成，如何保护译才，让他们有足够的收益来不断提高自己的专业素养，少犯错误，甚至还有图书再版机会去改正错误呢。针对译者的权益，即自己的权益，严复发声，从来不吝笔墨：

近来有一种人，开口动言民智，于是学堂、报馆、译书，三者日闻于耳。如译书一事，则专为读书者设想，而不为著书者道地。然不知非于译才有所优待，则谁复为之？今且无论他人，即无似自揣，《名学》脱稿之后，亦未见肯为他人再译也。夫设译局何难？但译者于执笔之顷而有计利省力之情，则其书已可见矣，姑无论其不能而强为也。所以外国最恶垄断，而独于著书之版权、成器之专利，持之甚谨，非不知其私也，不如是，则无以奖励能者，而其

严复版权章

国之所失必滋多。[1]

一方面，确保译书准确无误，保护读者权益，无可厚非；另一方面，无视译者血汗劳作，随意践踏译者权利，此风却大行其道，令译者心寒。所以，严复在信中向其友张元济大声疾呼“奖励能者”，优待译者。

事实上，严复与张元济通信颇多，其中一大焦点，不是其他，而是稿酬和版权问题。1899 年，就《原富》稿酬，严复的斡旋，颇见腕力：

> 《原富》拙稿，刻接译十数册，而于原书仅乃过半工程，罣缓如此。鄙人于翻书尚为敏捷者，此稿开译已近三年，而所得不过如是，则甚矣此道之难为也。承许以两千金购稿，感谢至不可言。伏惟译书原非计利，即使计利而每册八十余金，亦为可沽之

① 《严复全集 17：信札汇编（上）》，第 85 页。

善价，岂有不欢喜承命之理耶？但刻下北洋亦有开设译局之事，制军责令各人包译，此部开列在前，估价乃三千二百两……拙稿在制军处翻阅，后来局议如何，制军批定何若，皆须十余日乃可揭晓，故于惠缄一时不能定议作答也。[1]

对于老东家商务印书馆，严复感恩戴德，礼貌有加，脸面留足。苦肉计之后，他还做了一回细节主义者：每册八十余金，价不菲也。但商务的出价，跟北洋译局的估价相比，则差距大矣：少了三分之一还多。尽管信的后半截，严复大打太极，但其醉翁之意，不言而喻。

五年之后，严复对南北收益之别，体验更为切肤：

复在北，岁入殆近万金，一旦不居舍去，今所以自活与所以俯畜者，

① 《严复全集17：信札汇编（上）》，第51页。

方仗毛锥。觊幸戋戋之译利，固已菲矣，乃遇公德劣窳之民，不识版权为何等物事，每一书出，翻印者蝟聚蜂起，必使无所得利而后已，何命之衰耶！则无怪仆之举动为黠者所窃笑而以为颠也。其《原富》《群学》两书，湘、粤、沪、浙之间，翻版石木几七八副，固无论矣。乃《权界》《社会通诠》两书，问世不逾数月，颇阅贵省有人，欲萃群力翻印二书，不知老弟有见闻否？如有之，不识能为我略施运动，力促其成否？此其为赐乃不浅也。[①]

严复给江西友人熊季廉的信，几近哀求。严复的形象，仿佛东郭先生遇上了湘、粤、沪、浙、赣之间的群狼。他想救狼，却被群狼撕逼，只好癫狂而呼："何命之衰耶！"

尽管如此，译家严复毫不退缩：

总之，复译课总不放松，局成亦译，不成亦译，有钱译，无钱亦译。[②]

使命如此，夫复何言！

① 《严复全集17：信札汇编（上）》，第150–151页。
② 《严复全集17：信札汇编（上）》，第49页。

04

教育家法

1902年，严复任京师大学堂译书局总办

作为教育家，严复是一位“失败者”，但他是一位最成功的失败者。他曾执掌过北大、复旦一北一南两大名校，但在这两所学校摇摇欲坠之时悄然脱逸。他杏坛挥汗数十载，教过的学生数以千计，可他真正得意的学生却偏偏是一位编外女生。他一辈子为中国新学科的创立殚精竭虑、呕心沥血、战功赫赫，然而没有一个学科的鼻祖名号加诸其身。他穷其一生，不断高呼学术救国，学问救时，而他本人却不是什么大学问家，也没有写出一部里程碑式的学术专著。

严复，是“失败者”，但他的失败，却成就了他。

学校管理方面，严复历任四所学校，都身居要职，拥有发言权，而且留下一批历史文献，特别是《论沪上创兴女学堂事》和《论北京大学校不可停办说帖》，让他在教育史上青史留名。培养学生上，严复自称不是拿手好戏，但他也造就了一批栋梁之才，如民国总统黎元洪、翻译家伍光建、教育家张伯苓等。学科建设，严复情有独钟，可以说，他是“学科基建狂魔”：生物学、逻辑学、社会学、法学、经济学，他都打下了梅花桩。学问之道是严复的终生兴趣，无论是公务劳神，危难分心，还是疾病缠身，严复从来没有放弃过一颗追求学问的炽热之心。

学校、学生、学科、学问，四学一体，严复游于其中，优于其中，忧于其中。

学校掌门

当掌门人，严复处境，一言蔽之，四面楚歌。民国伊始，严复被委以重任。他的感受，不是春风得意马蹄疾，一日看尽“帝都”花。相反，他给夫人朱明丽写家书，把差事相当地“油盐柴米化”：

> 初七晚见过袁总统，被派入临时筹备处办事，本日又派大学堂总监督，薪水月三百两。此缺本系三品实缺京堂官，今不知何物矣。得差之后，便有人来荐管理员、教员等，可知凡事同前一样。[①]

大学的衙门化，严复也未能幸免。“三品实缺京堂官”，头衔响当当，可是，物换星移，沧桑几度，含金量又有几成？大学堂的大问题，很快让严复忧从中来：

> 大学堂无款即不能开学，即我之薪水亦未开支也。[②]

民国初年，风雨飘摇，身在其中，严复自然危船之中忧

---

① 《严复全集 18：信札汇编（下）》，第 1 页。
② 《严复全集 18：信札汇编（下）》，第 2 页。

心忡忡。不久，他再次致函夫人，重提大学堂之经济危机：

此间政府尚未成立，款项极支绌，大学堂无款，恐不能开学。公事亦极难办，欲辞，则此后当家钱文不知出自何地，奈何奈何！①

严复进退维谷：进，学堂缺钱，开学无望，掌门人当然无门可掌；退，家中无矿，一族老小，当家人不能意气用事。

北京大学旧址

① 《严复全集18：信札汇编（下）》，第6页。

严复的后顾之忧，实实在在。万千忧虑，他只能跟夫人倾诉：

> 开正以来，除名词馆十二日薪水已支外，一文无进，而出款则将近千元，所虑钱底用完，无处筹借，则十口浮寄京师，真不得了。[①]

学校的财政惨状与严复的家庭窘迫，双重压力之下，严复刚刚上任，即萌生退意，多次提及辞职。当然，严复所面临的问题，远远不止经济困境。学生方面，也不安分，让严复头痛不已：

> 公事亦极难办，有学生彭姓兄弟号佛公、侠公，两人在《国风日报》数次造谣，与我反对，教员等极为不平，然只得不与计较。[②]

学生捣蛋如此，教员之中，也有力量针对严复，蓄意整事。严复致函甥女何纫兰，谈及学生教员背后还有更大的势力，酝酿发难：

① 《严复全集18：信札汇编（下）》，第8页。
② 《严复全集18：信札汇编（下）》，第2页。

严复与外甥女何纫兰

> 大学校事虽麻烦，然舅近日必到校，实是渐已就绪，可望实力进行。不幸教育部多东学党人，与我本相反对，部薪折半，而大学堂全支，已是气愤不过，近又见舅得总统府之顾问官，以为月入必丰，于是更加媢嫉，百般设法动摇，欲令部中将大学校长更易。①

所谓“东学党人”，即留学日本诸人。无论学问，还是人品，严复都相当鄙视，总认为这些人没有学到西学真谛，甚至直接将其贬为“东学小子”。但这些人为数众多，拉帮结伙，渐成势力，甚至身居教育部要职。蔡元培辞职之后，当时的教育总长范源濂就是“东学党人”，而教育部系统的半壁江山几乎都是由他“钦定”的。实际上，严复的对头，

① 《严复全集18：信札汇编（下）》，第21-22页。

绝非有勇无谋之人。他们还动用媒体，不断造势。这让严复难以招架：

> 《国风日报》不知有何嫌隙，时时反对，做尽谣言……[1]

谣言止于智者。严复倒是觉得这类谣言，不值一驳。他给甥女何纫兰的信，态度相当坦然：

> 惟是所造谣言太无事实，如云舅业已被押被罚等语。不知京城虽大，校长虽微，若使果有此事，岂不哗然？何尚寂寂如是！则略有知识之人必然一笑，知其中有不逞志妒忌之人于我为难，所言谁复信之？[2]

经济困境、学生作梗、学部发难、舆论造谣，让严复焦头烂额，危机重重。掌门北大，严复苦撑度日，短短数月，

---

① 《严复全集18：信札汇编（下）》，第8页。
② 《严复全集18：信札汇编（下）》，第22页。

他也干了几件颇有影响的事。首先，他向外国银行借款，让学校渡过一劫。其次，他着手整顿学校，撰写《分科大学改良办法说帖》。最后，也许是他最重要的贡献，在停办北大的风波中，严复没有袖手旁观，而是力挽狂澜，写下了《论北京大学校不可停办说帖》。北京大学不可停办，他提出的四大理由，振聋发聩：

今若将其废弃，是举十余年来国家全力所惨淡经营，一旦轻心掉之，前此所糜百十万帑金悉同虚掷……此则停办大学之未可一也。

夫各国之有大学，亦无法定之程度……吾欲高之，终有自高之一日；若放任而不为之所，则永无能高之时。此则停办之说之未可二也。

高等大学与普通教育双方并进，并不相妨……今世界文明诸国，著名大学多者数十，少者十数……天津西沽大学又有历年，其学科阶级夙在高等学堂之上，江浙各省及湖北武昌亦方议建立大学。北京既称国都，反出行省之下，本末倒置，贻诮外人。此则停办大学之未可三也。

且国家建立大学，其宗旨与中小高等各学校不同。中小高等皆造就学生之地，大学固以造就专门矣，而宗旨兼保存一切高尚之学术，以崇国家之文化……是则为吾国保存新

京师大学堂匾额

旧诸学起见，停办之议之未可四也。[1]

大学不废，四条理由，严复写得头头是道：前功尽弃论、程度自高说、国都名校观、存学崇文理。事实上，大学之所以不能停办的核心理由，严复似乎没有意识到：大学是实验室，大学是创新场。社会进步，每时每刻都离不开实验；国家强大，日复一日更需要创新。中国要立于世界之林，真正需要的是大学。为何国家最急需的大学反而停办？

严复的悲剧在于，护校有方，留人乏术。严复借款，帮北大渡过难关；严复发帖，让北大得以存续。但是，掌门八个月后，严复却悄然离开北大。严复北大，不了了之。1912年10月1日开始，三月之内，大总统像换马灯似的陆续任命北大校长和代理校长，被任命者有章士钊、马相伯、何燏时等。但严复的去留，却无明文规定。

显然，严复是“失败者”，但他的成功在于，他领着北大，渡过大劫。管理大学，他是成功的失败者。

① 《严复全集 15：政论散文汇编（下）》，第 189-191 页。

学生风波

严复的北大去留问题上，学生泾渭分明，分为两派：拥严派和反严派。《大公报》于1912年10月10日发表声明《大学校学生公呈挽留严校长》，力挺严复。《民主报》则针锋相对，刊登《告白》反对严复留任。

两派学生，意气用事，甚至发生强烈对抗，“几至用武”。一月之后，风波又起，拥严派学生将近四百人，再掀波澜，恳请严复复职。

为此，严复拜见了教育总长范源濂，“大学非易办事，部当知之，但愿出力之余，不至依然招怨而已”。

发生在他身上还有一起学生风波，地点在安徽安庆，时间为1907年5月24日。

安庆高等学堂风潮，发生在北大学潮之前五年，两者模式，如出一辙。作为学堂掌门人，严复致函甥女何纫兰，总结学潮原因，共计四点：

> 高等学校之有风潮，实因官界与我挟妒反对，而绅界则以学堂为利薮，各思分肥。而学生一因去年沙汰之多；二因求请毕业不遂；三因夏考在即，恐复被沙汰；周鼎观汉文欠通，平日办事过于沾沾自喜，开罪多人。总此数因，于是

有十三日之风潮。当日之事原可劝阻即定，而提学司故纵之。现在官界唯一抚台，绅界唯姚叔节一人，余非反对，即系随风，故吾断无更留之理。皖人唯恐吾之不去，于是在《南方》《神州》诸报极力布散谣言，备诸丑诋……抚台相留虽切，然吾要以必将滋事二十余人办到，吾乃可留……学生闹事后，公然自首十二人，而学台略退五人以相敷衍，而学生要挟胁从之风愈炽……提学脑筋有病，素为名士，人极糊涂；至学务尤为外行，加以妒吾名盛，口里恭维，背后反对，此堂之事，皆此老之助成也。嗟嗟！学堂本教育之地，而小人视为利薮，学生劣者不可沙汰，沙汰即起风潮，此后学界尚可问乎？[①]

严复严师，无可厚非。他对学生严加管教，效果显著。接手学堂第一年年末，严复主持学堂预科期末甄别考试，就大开杀戒，不合格者，高达38人之多。

然而，安庆期间，严复却对一位学生厚爱有加，这位学生，就是严复眼为之亮心为之动的王恺銮。他写信给甥女何纫兰，叙之甚详：

高等学堂（预科）大考，退者至三十余人，全城震悚，谓吾手辣。然经此一番淘汰，学生知功课之重，且一切唯在求己，均无所用人情势力，此堂是后可望必成矣。食人之禄，

① 《严复全集17：信札汇编（上）》，第215-216页。

不能不任怨也。本堂此考，有一学生名王恺銮者，年十七，甚美慧，题是《张巡论》，渠做得一篇，专论其杀妾飨军一事，以为野蛮行径，忍心害理，而无益于兵；并明男女并重之道，谓当无食，宜各忍饥，何得使人相食，若豺狼然。其辞甚健，汉文教习阅卷，百分之额只给四十，以为悖谬。吾复阅见之，大喜过望，立取其卷加批，并为改窜数语，遂成佳文。呼其人来，自赏十元，优加勉励。教员见之，亟改其分作九十分焉，真可笑也。可惜吾女尚小，不然，真可妻也。[①]

严复管事，立竿见影。学生终生受益，教员立马效仿，如此监督，才让学校上上下下一盘棋，良性互动。事实上，严复跟高等学堂是有过蜜月期的。1906 年 4 月 8 日，严复从上海乘船抵达安庆，担任安徽高等学堂监督一职，“至（校）之日，诸生欢迎若得大将，而教员中如姚仲实、胡敬庵诸君尤相推挹”。同年年底，严复再抵安庆，在学堂演讲《宪法大义》，反响轰动。所印讲稿五百多张，一抢而空，“今日海内视吾演说真同仙语，群视吾如天上人，吾德薄何以堪此，恐日后必露马脚耳”。

一语成谶，半年不到，安庆学潮即起。导火索是学堂的二号人物、斋务长周献琛（鼎观）。他是严复同乡，同样毕

① 《严复全集 17：信札汇编（上）》，第 202-203 页。

业于福州船政学堂、英国格林威治皇家海军学院。如此背景，严复信重无疑。闹事当日，学生早有预谋，一人拊掌为号，掀翻桌子，应者闻风而动。随后，学生奔向斋务长周献琛处，肆意谩骂，驱逐斋务长，并一同驱逐严复招纳的闽籍教职员工五六人。学潮的矛头之所以指向斋务长周献琛，严复认为："周为人稍憨，接物不善为委屈，责法行权，又沾沾多自憙，以此致龃龉。"而一年之前，严复招他来皖，"以其在军治众严，而本校旧日规矩殊苦散泛，则使兼长斋务，加益念两薪。客岁在校治事六七月，校务渐渐一变积习，皖人士翕然交称之。而讵谓一隔岁间，向之誉为整齐者，乃今訾为罪乎？则甚矣，人情之善变也"。

学潮的真正原因，严复似乎心知肚明："至于今年，留学生回国多人，以谓皖之学堂须皖人得其利益，深忌吾曹，固无中生有，出而为此。周鼎观特其借题。外来事势，人情如此。虽以苏格拉底、孔子为之，风潮亦难免耳。"严复自我升格，与苏格拉底、孔子为伍，虽败犹荣。他败在此，成亦在此。事后诸葛一番，作为甩手掌门的严复，学校的二把手斋务长极其关键，如蔡元培之有蒋梦麟，胡适之有傅斯年。可是，严复的二把手，常常成为靶子，变为风潮的导火线。安庆时期如此，北大时期也如此。这不能不说，作为教育家，严复不善选将，是其短板。

其实，对于自己的问题，严复是有过反思的：

总之，此次风潮原因复杂……始则蔽罪于斋务长周献琛矣，终乃归狱于庶务长常福元。夫二子固不得为无过，惟谓风潮之兴，纯由二人，则大非事实。试问二人于斋务、庶务之中，有丝毫求其罪状者乎？复负厚责，固不暇为二子辩诬，但愧治校无状，致累同学于远道弃馆相从，半途坐废，且上辜恩中丞礼待之雅，下贻姚叔子不哲之羞。纳手扪心，良深内疚！①

严复忏悔，不可谓不诚挚，然其后并无有效纠谬之举。“复负厚责”乎，非也；“复负全责”乎，是也！

学科催生

严复不善治校，但长于思考。运筹帷幄之中，决胜一校之内，不是其所长；但纵横笔墨八万里，登高一呼天下应，他独擅胜场。他对学科布局的建言，令人三思：

考五洲之历史，凡国种之灭绝，抑为他种所羁縻者，

① 《严复全集 15：政论散文汇编（下）》，第 94-95 页。

不出三事：必其种之寡弱，而不能强立者也；必其种之暗昧，不明物理者也；终之必其种之劣恶，而四维不张者也。是以讲教育者，其事常分三宗：曰体育，曰智育，曰德育。三者并重，顾主教育者，则必审所当之时势，而为之重轻。是故居今而言，不佞以为智育重于体育，而德育尤重于智育。[1]

谈教育，严复眼光普照，放之五洲，俨然具有“世界之人”之风范。美育暂且不谈，教育的三大板块，德智体，严复为之分出轻重，认为智育重于体育，德育重于智育：

何以言智育重于体育耶……至于个人体育之事，其不知卫生者，虽由于积习，而亦坐其人之无所知，故自践危途，日戕其生而不觉。智育既深，凡为人父母者，莫不明保赤卫生之理，其根基自厚，是以言智育而体育之事固已举矣。[2]

细细辨析，严复认为智育重于体育的理由，如中国人众，不忧寡弱；中国南人弱北人强，犹足相救等，唯一需要反驳者，即以上的论调“言智育而体育之事固已举矣”。在此，严复把智育、体育混为一谈，错就错在，他犯了以偏概全的逻辑错误，即把个人卫生与个人体育等同起来，视体育为属

① 《严复全集14：政论散文汇编（上）》，第338页。
② 《严复全集14：政论散文汇编（上）》，第338-339页。

于智育的认知科学。体育，有其智育的一面，但本质上，体育不是智育，它的基本功能，跟诗类似，“兴观群怨”，可以兴国、可以观身、可以合群、可以排怨。体育之用，大矣！

至于德育、智育，严复排序，毫不含糊：

> 何以言德育重于智育耶……须知东西历史，凡国之亡，必其人心先坏；前若罗马，后若印度、波兰，彰彰可考。未有国民好义，君不暴虐，吏不贪污，而其国以亡，而为他族所奴隶者。故世界天演，虽极离奇，而不孝、不慈、负君、卖友一切无义男子之所为，终为复载所不容，神人所共疾，此则百世不惑者也……惟此之关系国家最大。故曰德育尤重智育也。[1]

三育之中，德育为首。严复给出了理由，也很特别。他以儒家的道器之分说明西学科目，最为进步者，如理化算学，十之八九属于形而下的器，需要形而上的道来规范。严复之道，“则不如一切守其旧者，以为行己与人之大法，五伦之中，孔孟所言，无一可背”。但德智体的关系，真如严复所说，是上下之间的等级关系吗？三者之间，难道不是一种新型的同构关系吗？

---

① 《严复全集14：政论散文汇编（上）》，第339–341页。

做世界人，而不解世界人之三观，难矣！

尽管没有理顺教育几大门类之关系，但如果说，严复是现代学科催生之王，似乎并不夸张。清宣统三年，他对物理学科大声疾呼，专门撰文《论今日教育应以物理科学为当务之急》：

> 请先思今日欧美诸邦，其国力之富厚，其实业之精进，较之吾国相去几何？次思列强进于此境者，从何时始？三思此不及二百年中，彼土所以致此古未曾有之盛者，实由何故……必言近因，则惟格致之功胜耳……可知物理科学一事，不独于吾国为变化士民心习所不可无，抑且为富强本计所必需……惟此一学……挽救吾数千年学界之流弊……①

推崇化学，严复也同样过甚其辞，不遗余力：

> 虽谓泰西今日之富强，化学实尸之，未为失也。盖自农桑医药，至于一切之制造，皆非化学不为功。②

对于女学，严复不但为之呐喊，而且投身其中，是我国女学之先驱。他对于学科引进，真正出过大力者，有名学、群学、法学、经济学、政治学、生物学等。通过翻译，他让

① 《严复全集15：政论散文汇编（下）》，第171-173页。
② 《严复全集15：政论散文汇编（下）》，第186页。

这些西方学科，在中土安家落户。

催生中国新兴学科，严复之功，无人能及。

学术救国

严复之所以在内忧外患的中国催生一个又一个新兴学科，是因为他有一个难以撼动的教育信念：救国之道，唯有学术。

《导扬中华民国立国精神议》一文，是严复的思想纲领之一。他的目的，毫无疑问，为国把脉：

> 闻之孔子有言："自古皆有死，民无信不立。"管子曰："礼义廉耻，国之四维；四维不张，国乃灭亡。"是知国于天地，其长存不倾，日跻强盛者，必以其民俗、国性、世道、人心为之要素。此所由来旧矣。且不独吾国之圣经贤传所言为然，乃至观诸外国，其中国亡种灭，或为异族所奴隶，亦以道德扫地，人心窳涣为之先，从未有好义首公，忠信相扶之民，而不转弱为强，由衰而盛者。著诸历史，其故可深长思也。盖国之通患，存夫贫弱。顾有土有财，则贫者可徐转而为富；生聚教训，则弱者可振刷以为强。即今民智闭塞，学术空疏，无乘时竞进之能力，此其患若较前二者为甚矣。然得先知先觉之传，为振兴其教育，专门普通分程并进，则

拙者可巧，蠢者可灵，其转移尚非无术也。[1]

把脉结果，严复认为，国亡种灭有三大通患。对于它们，严复论之颇详：一，“道德扫地，人心瘉涣”；二，贫者难富，弱者不振；三，“民智闭塞，学术空疏”。在他看来，第三大患更致命。所以，中国教育的出路在于学术。为了昌明学术，严复觉得奖励制度势在必行：

学成必予以名位，不如是不足以劝。而名位必分二途：有学问之名位，有政治之名位。学问之名位，所以予学成之人；政治之名位，所以予入仕之人……学问之名位，既与仕宦不相涉，谁愿之哉？则治学者不几于无人乎？不知名位之称，本无一定。农工商各业之中，莫不有专门之学。农工商之学人，多于入仕之学人，则国治；农工商之学人，少于入仕之学人，则国不治。[2]

严复所提倡的奖励机制，实际上晚清时期是实行过的。一些留洋学生而有所成就者，如詹天佑等，均受到清政府的相应奖励。不少人名位相加，甚至严复本人也“洋转正”，

① 《严复全集15：政论散文汇编（下）》，第293-294页。

② 《严复全集14：政论散文汇编（上）》，第181页。

被授予他梦寐以求、久试不爽的进士。

各种激励，固然必要，但问题的关键在于，学术救国，如何落实？怎样让中国人真正做到为读书而读书，为学问而学问？也就是说，如何让中国学者有一颗追求新知，追求创造，追求真理的心？

实际上，严复对于中国高等教育的大痼疾，心知肚明：

> 至于高等学堂，则往往具有形式，而无其实功；理化算学诸科，往往用数月速成之练习，势必虚与委蛇，愒日玩岁，夫人之日时精力，不用于正，必用于邪。功课既松，群居终日，风潮安得以不起乎？此真中国今日学界不可医之病痛也。[1]

学术救国的最大拦路虎是科举八股。科举既废，学堂大兴，可是，各地有了高等教育，形式具备了，但教师学生，上上下下，并不追求高等教育的真精神。这，就是严复所深恶的“中国今日学界不可医之病痛”。

学术救国，严复虽无铁腕，但有良方。1915 年，他致函熊纯如，指点江山：

> 欧战告终之后，不但列国之局，将大变更，乃至哲学、政法、

① 《严复全集 14：政论散文汇编（上）》，第 341 页。

理财、国际、宗教、教育，皆将大受影响。学者于道，苟非深窥其源，则所学皆腹背羽矣。中国前途，诚未可知，顾其大患在士习凡猥，而上无循名责实之政。齐之强以管仲，秦之起以商公，其他若申不害、赵奢、李悝、吴起，降而诸葛武侯、王景略，唐之姚崇，明之张太岳，凡为强效，大抵皆任法者也。[1]

严复的学术救国方略，依然是典型的几道式。严复放眼全球，目光宏阔，深知世界格局之巨变。最重要者，他能洞悉世界之变的具体体现，“哲学、政法、理财、国际、宗教、教育”，无不为之大变，从而指出，学者应探本索源，抓住要害。问题的要害是，一战之后，世界最大之变，变在科技。中国前途，亦在科技。后半部分，严复所言，并无大误，中国之兴，皆在法者。历史案例，比比皆是。但所有这些法者，几乎都是昙花一现，原因何在？这说明，中国肿瘤，两千年来，根深蒂固，无法革除；法制文明，难以生根，国之大患，根植于此。

严复并非不知法制。他翻译孟德斯鸠的《法意》，撰文阐述《论英国宪政两权未尝分立》，演讲《宪法大义》。这些都说明，法制问题，他有深究。但他的方法正确，方向错误。他的拥护帝制，即是一例。

学术救国，是不是他的另一个方法正确、方向错误呢？

① 《严复全集18：信札汇编（下）》，第62页。

《法意》商务印书馆

05 思想家说

1905年，严复在英国

中学西学，如何兼容，作为浸泡于其中的思想家，严复有话可说。他的报刊文章、公开演讲、私人书信，充满着他对中学的反刍，对西学的内视。他特殊的教育背景和所处的特别历史时期，让他身不由己，常常比较。中西文化比较之学，他不但得心应手，而且终生为之。比学鼻祖，他似当之无愧。因为中国历史上，像他那样的思想者，西学涉猎如此淹博，中学探究如此专深，可谓少之又少。严复思想，一大特色，但问津者寡：他虽然言必谈中西，但下笔落墨往往胸怀“五洲”、心想“世界”。

他的中学西学有一个更大的背景板，一个世界的背景板。他的世界之学，有何特点？

正因如此，传写严复不能只看他的中学西学之论述，最好往前再走两步，探讨一下他的比学世学。中学西学的整合之法，是严复的毕生事业。如何整合，严复点铁成金的方法是其比学思维。他的比学，视野宏阔，因为“故世界者，一学界也；地球者，一大学校也。以自然为之监督，为之教务长，有教无类，黄白棕黑，男女老少，贤不肖智愚，无一地一时，能违自然之教育者”。

他的思想，整合性强。世界地球，黄白棕黑，熔于一炉，升华提纯，回到老子，道法自然。中国最早的全球主义者，这一称号赠予严复，不知是否合适。但有一点是可以肯定的，他虽然放眼全球，却心系中国：他是地地道道的中国文化的“原教旨主义者”。

中学好古

冠严复以中国文化的“原教旨主义者”，证据确凿，比比皆是。1913年，他去中央教育会演讲，题目即为《读经当积极提倡》。西学大潮的冲击之下，严复的脚跟站得很稳，对中国数千年之经典依然信心十足。他对孔子，尤其膜拜：

嗟呼诸公！中国之特别国性，所赖以结合二十二行省，五大民族于以成今日庄严之民国，以特立于五洲之中，不若罗马、希腊、波斯各天下之云散烟消，泯然俱亡者，岂非恃孔子之教化为之耶！孔子生世去今二千四百余年，而其教化尚有行于今者，岂非其所删修之群经，所谓垂空文以诏来世者尚存故耶！[1]

跟司马迁、刘勰一样，严复对儒家文化的凝聚力无比推崇，经典化孔子，登峰造极。也就是说，严复基本上走了董仲舒的老路——“尊崇儒术”。严复认为，环顾五洲，迥异于其他古国，中国几千年不亡，似乎完全依赖于孔子及其“所删修之群经”。中学的本原是什么？在此，严复的答案，十分明确。在他看来，只要儒学，这个中国文化的主心骨，屹立不倒，中国仍然有奔头，有前途。中学本原，实际上是，世界在变，吾道不变：儒学为心，中国必兴。

“经为本原”的思想，盘踞在严复的大脑中心。他对“经”的认识，如不细究，相当“先进”：

① 《严复全集15：政论散文汇编（下）》，第276页。

然则我辈生为中国人民，不可荒经蔑古，固不待深言而可知。盖不独教化道德，中国之所以为中国者，以经为之本原。乃至世变大异，革故鼎新之秋，似可以尽反古昔矣；然其宗旨大义，亦必求之于经而有所合，而后反之人心而安，始有以号召天下。即如辛壬以来之事，岂非《易传》汤武顺天应人与《礼运》大同、《孟子》民重君轻诸大义为之据依，而后有民国之发现者耶！……举凡五洲宗教，所称天而行之教诫哲学，征诸历史，深权利害之所折中，吾人求诸《六经》，则大抵皆圣人所早发者……彼西人之成俗为国，固不必则吾之古，称吾之先，然其意事必与吾之经法暗合，而后可以利行，可以久大。盖经之道大而精有如此者。[①]

这一段话，意义特别，原因有三：首先，“经为本原”的思想之所以关键，是因为中国人的文化身份是由“经”奠定的。这一点无可否认，而严复抓住了中国文化的核心问题。当然，如果说严复的思想多么深刻，倒也未必。这个特点非常显著，他只不过是强调了这个显著特点，而对其加以发挥，并且面对西方的强势文化，充满着文化自信。这才是他的难得之处。其次，中国文化的新变能力，他了如指掌，所以他

① 《严复全集 15：政论散文汇编（下）》，第 276-277 页。

轻而易举地拎出《易传》里汤武的顺天应人论、《礼运》大同观、《孟子》民重君轻说，并说明它们对于民国的意义，然而这实际上有一个巨大的误会：把天边的理想，当作现实的制度。有一种思想的苗头，是一回事；但这种思想是否落地，是否成为主导意识形态，是另一回事。在封建制度下，实际情况往往是宣传思想的反面，比如民重君轻说。王朝的历史上，民何时重过？在这一点上，严复难免书生意气。第三，中国经书之普世化，过于强调其同，而忽略其“决定性差异”。跟冬哄学者大异，严复具有世界眼光，所以，他有视野，把中国《六经》置于世界语境中加以宣扬。“五洲宗教”与中国《六经》，因“折中”思想而同，但西方的宗教精神与中国的世俗伦理之根本不同，他则避而不谈了。其目的，是为了强调经书之重要，无论中西，“世变大异，革故鼎新之秋，‘不’可以尽反古昔矣”。革故鼎新之秋，严复却反其道而行之，返古抑新。复古，不是不可以，西方的文艺复兴，也有复古倾向，问题的关键是，你复古的目标是什么：革故鼎新，还是日新其故。这涉及文化发展的方向，涉及一国之命运。显然，严复的读经，追求复古，日新其故。

读经，质而言之，堵今。两眼只看古代书，双耳不闻当下事，闭目塞听，拒看当今，这种面向过去的学术取向，因其历史价值当然有其合理的一面，但总的来说，它的单维单向性，给一个民族造成的影响，是不可逆转的。

实际上，比较理想的状态是，时当中国社会发生巨变，宜在革新与复古之间找到一个平衡的有效点。这样的变革，既不会因为激进主义者太走极端而前功尽弃，甚至血流成河，也不会因为墨守成规者裹足不前而一事无成，以致僵尸占道。理想的状态需要理想的领袖，可是，这样的领袖往往是不世出的。当时处于新旧制度交替下的中国国情是，复古力量，历史悠久，过于强大，非有摧枯拉朽的大破坏，不能把几千年形成的复古力量拉下马。所以，严复的笃故药方，特别是借助于读经来复古，是否可行呢？

> 自孔子以信而好古标其学派，由是则古昔称先王，遂若为被服儒术者唯一之天职，是其论说众矣，无取不佞为之繁称而复引也。……使吾民所受于古者而无可言，则吾国虽有百华盛顿、千拿破仑、万亿卢梭以为之革命巨子，犹将无益于存亡之数。呜呼！蔑古之徒，可以返矣！[1]

读经的实质，通过孔子学派展露无遗。孔子是“好古”派，“则古昔称先王”，遂成为“被服儒术者唯一之天职”。不可否认，严复的中学思想并非只有儒家一脉，甚至他最喜

① 《严复全集15：政论散文汇编（下）》，第250-253页。

欢的经典作家，如庄子、王安石等，跟道家、法家的渊源更深，但骨子里，严复仍然是好古派的儒家。他甚至认为，我国国民受惠于古而不言之，那么，我国即使有一百个华盛顿、一千个拿破仑、万亿个卢梭也无济于事，国将不国，照亡不误。这里，严复搬来了西方的救兵，欧美改天换地的三大人物。在他看来，中学是首脑，是主心骨，是难以撼动的文化基石。中学不存，西学之毛焉附？严复被誉为“中国西学第一人”。他对西学的看法，特别是中学西学关系的洞见，发人之所未发，一发而不可收拾，发人深省。

西学笃实

事实上，严复并非没有洞察中学的问题。“六经五子”的痼疾，光绪年间，牢骚满腹的严复就毫不留情，批之入骨：

昨者，有友相遇，慨然曰：“华风之敝，八字尽之：始于作伪，终于无耻。”呜呼！

岂不信哉！岂不信哉！……今日请明目张胆为诸公一言道破可乎？四千年文物，九万里中原，所以至于斯极者，其教化学术非也。不徒嬴政、李斯千秋祸首，若充类至义言之，则六经五子亦皆责有难辞。嬴、李以小人而凌轹苍生，六经五子以君子而束缚天下，使天下必从己而无或敢为异同者则均也。因其劫持，遂生作伪；以其作伪，而是非淆，廉耻丧，天下之敝乃至不可复振也。此其受病至深，决非一二补偏救弊之为，如讲武、理财所能有济。盖亦反其本而图其渐而已矣！……此吾《决论》三篇所以力主西学而未尝他及之旨也。[1]

难以想象，严复抨击传统，火力之猛，后浪如五四诸子，也望尘莫及。他似乎摸到了中国封建文化的毒瘤，并穷追不舍，找出了其根源所在。华风为何“始于作伪，终于无耻”？教化出了问题，学术有了危机。嬴政、李斯这类“小人”，固然是罪魁祸首，但“六经五子”这些大经巨典也难辞其咎。为什么？“六经五子以君子而束缚天下”。严复的深挖，止步于此。他没有继续追问，嬴、李这类“小人”为何能够“凌轹苍生”而使华风作伪无耻“四千年”？原因之一，是“苍生”允许其“凌轹”。但更大的原因是，“六经五子”与嬴、

① 《严复全集 14：政论散文汇编（上）》，第 89 页。

李“小人”达成共谋，一起锻造了一个“凌轹苍生”的制度。这个制度，才是华风“始于作伪，终于无耻”之根。

针对毒瘤，严复给出了两副猛药：一，“盖亦反其本而图其渐而已矣”；二，“此吾《决论》三篇所以力主西学而未尝他及之旨也”。关于前者，严复并未详细阐发，点到为止而已。但细细咀嚼，“反本图渐”与“力主西学”，似乎是个悖论。反本，难道不是回归“六经五子”？主西，则是调转船头，向西奔进扬帆。一返场归旧，一转型趋新，两副猛药，药效截然不同，如何治好同一毒瘤？严复的矛盾处，不能简单地归结为“难为易代人”。他的纠结，有其深层原因：身在洋营心在古。时空错位，让他“难为世界人”。

严复身在北洋，教着洋文，也曾留洋。他跟社会，常常格格不入。光绪二十年，他写信给长子严璩，深谈其对西学的洞见：

我近来因不与外事，得有时日多看西书，觉世间惟有此种是真实事业，必通之而后有以知天地之所以位、万物之所以化育，而治国明民之道，皆舍之莫由。但西人笃实，不尚夸张，而中国人非深通其文字者，又欲知无由，所以莫复尚之也。且其学绝驯实，不可顿悟，必层累阶级，而后有以通其微。及其既通，则八面受敌，无施不可。以中国之糟粕

严复长子严璩与女儿严倸云

方之，虽其间偶有所明，而散总之异、纯杂之分、真伪之判，真不可同日而语也。[1]

严复对西学的态度，皎若明月。家书无假话，严复所言，直接表露了他的心声。西学，大矣！天地万物之理，治国明民之道，无所不包，大百科也。西学的最大特点，是其“笃实”。

西学之所以笃实，跟其实验精神，密不可分。西学的这一特点，严复非常推崇，所写赞语无不用其极，如“博大”“悠久”“高明”：

……西学格致……一理之明，一法之立，必验之物物事事而皆然，而后定之为不易。其所验也贵多，故博大；其收效也必恒，故悠久；其究极也，必道通为一，左右逢源，故高明。方其治之也，成见必不可居，饰词必不可用，不敢丝毫主张，不得稍行武断，必勤必耐，必公必虚，而后有以造其至精之域，践其至实之途。[2]

西学，乃“至实之途”。也就是说，西学本质上是实学，是科学。原因无他，其理其法，“必验之物物事事而皆然”。要学西学，严复提了两条建议：一要有客观主义的态度，即

① 《严复全集17：信札汇编（上）》，第26-27页。
② 《严复全集14：政论散文汇编（上）》，第77页。

他的四“不”四“必”。当然，细究科学史，这类四“不”四“必”，也属“饰辞”。科学家是人，不是神，哪能没有“成见”，没有“饰词”，没有“主张”，没有“武断”？关键在于，科学家善于证伪，通过实验，证明成见，证明武断，最后证明自己的主张，或者自己的主张之伪。第二条建议，严复不断提及，成了严氏口头禅：要治西学，必治西文。

作为打开西学的钥匙，西文重要，自不待言。对此，严复有切身体验，所言往往一语中的。关于西文研修，他回函梁启超，殷殷期待，溢于言表：

> 承示，从马见眉叔习拉丁诺文，往者圣祖仁皇帝曾从西士学之，其名如此作。甚感甚感！此文及希腊文，乃西洋文学根本，犹之中国雅学，学西文而不与此，犹导天河未至星宿，难语登峰造极之事。独恐足下事烦，能日抽一二时为之，期勿作辍，一年之后，自有妙验。近来士大夫欲问津西洋文字者，颇不乏人，浅尝之后，多以俗累致废，又怀望过奢，求效太亟，见初学謇浅之事，念弗屑也，因以怠废。故以中年而从事西学者，非绝有忍力人，必不能也。在他人，仆固未尝怂恿之，至于足下，则深愿此业之就。使足下业此而就，则岂徒吾辈之幸而已，黄种之民之大幸也。[①]

---

① 《严复全集17：信札汇编（上）》，第32页。

其实，梁启超的来信，有一段话深获严复之心："学不知本，则隔靴搔痒，不通文语，则凡所诵习，皆彼中粗迩吐弃之谭。"西文，乃西学之本。所以，治西学者，必修西文，此在严复看来天经地义。西学入中，如何兼容，这才是严复真正关心的问题。

比学整合

比较文化之学，不妨简称比学，它是一种跨文化整合研究学科。中学西学，碰撞激荡，生死博弈，能否产生出一种新的学问，全看其中的弄潮儿是否具有跨文化整合的魄力和能力。显然，严复生逢其时，躬逢其学，是第一代真正具有跨文化专业能力的学者。他长袖善舞，比较中西，目光如炬：

> 今之称西人者，曰彼善会计而已，又曰彼擅机巧而已。不知吾今兹之所见所闻，如汽机兵械之伦，皆其形下之粗迹，即所谓天算格致之最精，亦其能事之见端，而非命脉之所在。其命脉云何？苟扼要而谈，不外于学术则黜伪而崇真，于刑政则屈私以为公而已。斯二者，与中国理道初无异也。顾彼行之而常通，吾行之而常病者，则自由不自由异耳。[①]

① 《严复全集14：政论散文汇编（上）》，第18页。

严复思想深邃，往往能透过现象抓住实质。其时国人对西学的误解，多矣！对此，严复了然于心，一旦出手，三言两语，摸到命脉：西学“黜伪崇真”，其行政则“屈私为公”。

对中西自由之异，严复有过深思，并以此为原点，引发了他的中西文化之异的大排比：

> 中国理道与西法自由最相似者，曰恕，曰絜矩。然谓之相似则可，谓之真同则大不可也。何则？中国恕与絜矩，专以待人及物而言。而西人自由，则于及物之中，而实寓所以存我者也。自由既异，于是群异丛然以生。粗举一二言之：则如中国最重三纲，而西人首明平等；中国亲亲，而西人尚贤；中国以孝治天下，而西人则以公治天下；中国尊主，而西人隆民；中国贵一道而同风，而西人喜党居而州处；中国多忌讳，而西人众讥评。其于财用也，中国重节流，而西人重开源；中国追淳朴，而西人求欢虞。其接物也，中国美谦屈，而西人务发舒；中国尚节

文，而西人乐简易。其于为学也，中国夸多识，而西人尊新知。其于祸灾也，中国委天数，而西人恃人力。若斯之伦，举有以中国之理相抗，以并存于两间，而吾实未敢遽分其优拙也。[1]

严复的排比，排山倒海，令人眼花缭乱。中西差异之多，严复大手一挥，粗粗列举，即达十二处。这些差异，绝大多数，呈两极态势，如尊主与隆民、多忌讳与众讥评、节流与开源、谦屈与发舒、天数与人力等。所以，严复谨慎，孰是孰非，不作价值判断。心底里，他是有自己的价值取向的。他的高明之处在于，他试图指出中西文化之异的根源，中西文化两极态势的背后，是由各自的核心价值观所左右的。

显示差异，其实也是一种整合。

严复比学，还有一个特点，相当突出：他不是那种为比较而比较的书斋型学者。他虽谈西方，但目光永远盯着中国。他的比较视野，充满着救亡意识。《救亡决论》即是显例：

约而论之，西洋今日，业无论兵、农、工、商，治无论家、国、天下，蔑一事焉不资于学。锡彭塞《劝学篇》尝言之矣。继今以往，将皆视物理之明昧，为人事之废兴。各国皆知此

① 《严复全集 14：政论散文汇编（上）》，第 18-19 页。

理，故民不读书，罪其父母。日本年来立格致学校数千所，以教其民，而中国忍此终古，二十年以往，民之愚智，益复相悬，以与逐利争存，必无幸矣。《记》曰："学然后知不足。"公等从事西学之后，平心察理，然后知中国从来政教之少是而多非。即吾圣人之精意微言，亦必既通西学之后，以归求反观，而后有以窥其精微，而服其为不可易也。[①]

学术救国是严复的一贯思想。把西洋、日本、中国放在一起，比较一番，19与20的世纪之交，当时的中国问题异常尖锐，"民不读书"。不学无术之民，如何争存？严复的救亡意识，无时不在，无处不在。但是，这里严复似乎搞了一个不大不小的乌龙：既然"中国从来政教之少是而多非"，为何"圣人之精意微言""服其为不可易也"？难道中国政教之是非，跟圣人的微言大义没有关系？说到底，作祟者还是严复脑袋里的好古思维。不过，西学的作用，严复却充分凸显出来了。它是参照系。有了它，无论中国政教之是非，还是天朝圣人之精意，都能显露无遗，特色鲜明。简单地说，中国人从此不再只是身在此山中，而是有了比较视野，有了他山之石。严复比学，所起的作用，正在于此。做世界人，懂中国事。

铺设参照系，也是一种整合。

---

① 《严复全集14：政论散文汇编（上）》，第82页。

世界视野

追求一种更大的整合，是严复与晚清思想家的最大不同。言必谈中西，是严复的特点，而他也常谈日本，但更重要者，严复能跳出中、西、日的“三点式”，去探寻更大的世界。他的思想资源明显不局限于中西，更不为咄咄逼人的近邻日本而一叶障目、不见世界。对于世界，他的认知程度，最好地体现在《原强》中。严复为文落墨，好谈五洲，但他写五洲，常常从四大种族入手：

> 盖天下之大种四：黄、白、赭、黑是也。北并乎锡伯利亚，南襟乎中国海，东距乎太平洋，西苞乎昆仑墟，黄种之所居也。其为人也，高颧而浅鼻，长目而强发。乌拉以西，大秦旧壤，白种之所产也。其为人也，紫髯而碧眼，隆准而深眶。越裳、交趾以南，东萦吕宋，西拂痕都，其间多岛国焉，则赭种之民也。而黑种最下，则亚非利加及绕赤道诸部，所谓黑奴是矣。今之满、蒙、汉人，皆黄种也……第就令如客所谈，客尚不知种之相强弱者，其故有二：有鸷悍长大之强，有德慧术智之强；有以质胜者，有以文胜者。[1]

① 《严复全集14：政论散文汇编（上）》，第29页。

谈救国之道，严复为什么要摆这么大一个“五洲四种”的龙门阵？用宏观视野主义理解严复，则较为容易。严复论道，喜欢探索道之普适性。《原强》开头，他就搬出达尔文的理论，试图说明：“其始也，种与种争，及其成群成国，则群与群争，国与国争。而弱者当为强肉，愚者当为智役焉。”为了阐发达尔文的学说，严复自然不能当井底之蛙，东隅一望不见西墙，只谈黄种人。他需要扩大视野，放眼五洲，以证明他的观点的普适性。宏观视野主义的实质在于，世界一盘棋。严复之所以想下“五洲四种”这盘大棋，是因为他有雄才大略，更因为他心中挥之不去的难题是“种与种争”“群与群争”“国与国争”如此宏观的问题。

尽管严复有其认知局限，但他的世界视野，迄今为止，仍然让人钦羡不已。《原强》所涉及的国家，信手拈来，达十余个。数其要者，有英国、日本、法国、德国、印度、波兰、土耳其、俄罗斯、越裳、吕宋等。严复大谈英国的达尔文与斯宾塞之学说，洋洋洒洒，最后落墨，目标明确，意在中国：“虽文、周生今，未能舍其道而言治也。”论及日本，目的就是让国人知我病根所在：“日本以寥寥数舰之舟师，区区数万人之众，一战而翦我最亲之藩属，再战而陪京戒严，三战而夺我最坚之海口，四战而覆我海军。今者款议不成，而畿辅且有旦暮之警矣。则是民不知兵而将帅乏才也。”严复讲德法之战，更是悲愤不已：

夫疆场之事，一彼一此，战败何足以悲。今且无论往古，即以近事明之：八百三十年，日耳曼不尝败于法国乎？不三十年，洒耻复亡，蔚为强国。八百六十余年，法兰西不尝破于德国乎？不二十年，救敝扶伤，褎然称富，论世之士，谓其较拿破仑之日为逾强也。然则战败又乌足悲哉！所可悲者，民智之已下，民德之已衰，与民气之已困耳，虽有圣人用事，非数十百年薄海知亡，上下同德，痛刮除而鼓舞之，终不足以有立。而岁月悠悠，四邻眈眈，恐未及有为，而已为印度、波兰之续；将锡彭塞之说未行，而达尔文之理先信，况乎其未必能遂然也。吾辈一身即不足惜，如吾子孙与中国之人种何！①

救国不仅需要治标，更需要治本。严复眼中，战场上的胜负是标，而真正的本，即民智民德民气。严复的言说方式，说服力强，深入人心，因为他就像一位国际象棋大师，德国、法国两颗棋子，反正正反，操演两遍，然后点到为止，用印度、波兰这两颗棋子再为之背书，最后落点放在他的两颗大棋子上——英国人斯宾塞、达尔文的学说和中国人严复的呐喊：

① 《严复全集14：政论散文汇编（上）》，第27页。

“吾辈一身即不足惜，如吾子孙与中国之人种何！”

严复的整合，大矣！他的世界大整合，虽然涉及美洲较少，几乎不提大洋洲，但有一个特点，十分明显：他用世界之水，浇灌中国。无论是英国、德国、法国、波兰，还是日本、印度、土耳其，它们的历史资源，在严复的笔下，几乎无一例外，为我所用，为救吾国，为保吾种。

由此可见，严复的世界观核心是什么，不言而喻。他给熊纯如的信，最掏心窝：

> 总之，中国之弱，其原因不止一端，而坐国人之暗，人才之乏为最重……大总统固为一时之杰，然极其能事，不过旧日帝制时，一才督抚耳！欲与列强君相抗衡，则太乏科哲知识，太无世界眼光……①

现代人才，有何素质，严复以大总统袁世凯为反面教材，提了两项：科哲知识与世界眼光。显然，严复既有科哲知识，又有世界眼光。

难为世界人，严复到底难在哪里？

---

① 《严复全集18：信札汇编（下）》，第68页。

福州郎官巷严复故居

阅读天津 · 群星

后记

一座城市的文化名人、历史遗迹、自然风物，是城市生命的一部分。

天津拥有600多年的建城史，既有辉煌的历史，又有广阔的发展前景，是一座古老又年轻的城市。百年中国看天津，近代天津人才辈出、群星璀璨，对天津乃至中国影响深远。

“阅读天津·群星”汇集了十册天津历史上的前辈大师的传记——严复、梁启超、张伯苓、李叔同、周叔弢、杨石先、曹禺、陈省身、孙犁、马三立，他们在思想、教育、艺术、实业、科技、文学等不同领域，反映了天津城市精神的高度和深度。

当梁启超在饮冰室伏案疾书，笔毫轻柔，却策动轰轰烈烈的护国运动；当张伯苓在南开大学始业式上提出“爱国三问”，话语平实，却激荡全国学子自强图存的爱国情怀；当陈省身坐在轮椅上为本科生讲授微积分，满头银发，却思维敏锐地点拨着中国数学的未来人才；当马三立上台三两句话就引得众人捧腹大笑，轻声细语，却道出老百姓的喜怒哀乐和生活精髓……

“阅读天津”系列丛书的策划、创作、出版过程，凝结着众多关心热爱天津这座城市的人的心血。此前发布的“津渡”一辑以海河为切入点，让读者犹如乘舟顺水而下，遍览一部流动的城市史诗。“群星”一辑则是为十位大先生立传，也是为这座城市立传。他们在各自领域成就斐然，是天津精神的集中体现。讲述大先生的生活经历和思想轨迹，也是在讲述大先生之于当代人的意义——高山仰止，景行行止！

编辑出版“群星”的过程是我们对中华优秀传统文化进行通俗化阐释的一次尝试，旨在进一步突出天津这座城市鲜明独特的文化内涵，让更多的朋友再次发现天津的城市魅力，通过阅读天津，进一步认识天津、热爱天津。为了延续“津渡”一辑的热度，高质量出版“群星”小辑，我们约请了多位颇具创作实力的撰写者参与创作：赵白生、徐凤文、岳南、康蚂、于霁丹、韩石山、杨一丹、李扬、张国、张莉、马六甲。这些创作者中既有长期从事相关研究的学者，也有文采卓然的专业作家，还有传主的家属。各位作者从不同角度对十位大先生的人生经历进行了深入浅出的解读，通过对人物的挖掘，彰显了近现代天津独具风韵的人文精神。

最后，感谢中共天津市委宣传部为本书出版进行的谋划指导，帮助鼓励我们打造文化品牌，出版津版好书；感谢罗澍伟、谭汝为等专家学者为我们提供学术支持，修正内容细节；感谢“群星”的作者、设计师、摄影师以及每一位为本书出版付出努力的人。当然，最应该感谢的是我们的读者，正因有这些天津故事的阅读者、传播者，才有了天津文化的不竭源流。期待能够以书籍为桥梁，与广大读者一起领略“群星”闪耀的天津风采，共同见证这座古老而又年轻的城市在新的历史坐标上绽放光华。

“阅读天津”系列口袋书出版项目组

2023年11月

跋

这本传记，确切地说，属于传略。写好传略，两大条件，似不可少。一、能观大略。严复的身份，除了书中浓墨所绘的自传家、老天津、翻译家、教育家、思想家之外，还有舆论家、书法家、诗人。后面的三个身份，基本略掉。观其大略，抓其肯綮，此其一。二、善传小疵。大人物的小毛病，小人物的大问题，写好了，人才活。也就是说，要写“成功的教训，失败的经验”。挖掘严复的另一面，不是抹黑他，而是成全他。我们的传记，严格地说，是白日传。没有黑夜，哪来生命？此其二。

之所以作传，乐此不疲，是因为有一个基本的信念：文学史往往充斥着偏见。它们的最大偏见是，大书特书虚构文学，淡然漠视纪实文学。虚构文学主打的文学史，充其量只能算半部文学史。

跋之要义，鸣谢录也。首先，感谢轶冰总编。她的眼力，无人能敌。没有她，就没有这本传略，还有其他三本高手的传略。感谢黄沛社长。他的魄力，催人奋发，想干大事。感谢田昕主任。尽心尽职，高效高质，不想二次合作，难。感谢赵凯。找书借书，不遗余力，最佳RA，当之无愧。感谢江凝，后续接力。最后感谢，我的家人。有了后盾，就没有了后顾之忧。